현장임상전문가를 위한

모래상자치료 임상지침서

Linda E. Homeyer
Daniel S. Sweeney 공저

정경숙 · 우주영 · 정미나 공역

학지사

Sandtray Therapy: A Practical Manual, Second Edition
by Linda E. Homeyer and Daniel S. Sweeney

음을 전한다. 그리고 무엇보다도 역자들을 가르치고 오늘이 있기까지 이끌어 주신 주정일 교수님께 고개 숙여 진심으로 존경과 감사의 마음을 전하고 싶다.

2014년 6월
역자를 대표하여
정경숙 씀

추천 서문

나는 1970년대 후반부터 모래치료를 해 오면서 그 적용에 있어 광범위한 영역과 깊이에 놀라움을 금치 못하고 있다. 그래서 새로운 학생들을 대할 때마다 이 놀라운 심리치료 도구를 기꺼이 소개하면서 모래치료의 위력을 충분히 이해할 수 있도록 하기 위해 먼저 개인적인 모래체험의 내면 여행을 하도록 권하고 있다. 놀랍게도, 많은 학생들이 이 과정에 쉽게 심취하는 것을 보면서 기쁘기 그지없었으며, 놀이소품이나 모래상자, 모래 관련 이야기와 더불어 모래작업의 변화과정을 지켜보면서 열렬한 지지자가 되었다. 모래치료는 유연하면서도 비언어적인 치료과정으로 자신이 만든 모래작품을 통하여 스스로를 깨달을 수 있도록 촉진하는 치료기법이다. 이와 같이 모래치료는 저항을 줄이는 대단한 잠재력을 지닌 까닭에 내담자의 무의식 세계를 이끌어 내는 놀랄 만한 작업이 된다. 또한 은유와 상징이 많으므로 치료적 접근이 보다 쉽고, 아울러 내담자의 교정적인 경험이 일어날 수 있는 것이다. 바로 이러한 점들이 모래치료의 경이로운 점이다. 나는 Homeyer와 Sweeney의 저서 *Sandtray Therapy: A practical Manual*(1998)에 늘 적극적인 지지자였다. 명성에 걸맞게 훌륭할 것이라는 기대감으로 이 책을 펴 보았고, 책장을 넘길 때마다 유용한 정보로 가득 차 있음을 보고 기쁨을 금치 못했다. 그때부터 정감 있는 모래치료에 대해 안내받고자 하는 사람에게는 유일하게 이 책을 추천하게 되었으며 제2판이 나오기를 손꼽아 기다렸다. 2판에 수록된 장(chapter)들은 실천적 지침과 정보로 가득 차 있다. 집단 작업, 부부, 가족, 정신적 외상 그리고 연구 내용물들이 새롭게 구성되어 있으며, 각 장이 명확하고 유익한 내용으로 짜여 있다. 그동안 나는 가족이나 집단 상담을 다수 진행해 오면서 아동과 성인에게 적절하면서도 새로운 방법을 적용하고 있다. 나는 이 책을 진정으로 즐겨 읽었고 새로운 일을 시작할 수 있다는 것에 고무되었다. 외상에 관한 장에서는 복잡한 뇌에 관한 문제 부분에서 저자의 역량을 유감없이 발휘하고 모래치료가 왜, 어떻게 외상을 변화시키고 도움이 되는지를 훌륭하게 설명하고 있다. 끝으로, 이 책은 확실한 증거에 입각해서 연구하였다는 점을 강조하고 싶고, 몇몇 모래치료사들이 이 분야에 합류하여 바람직한 결과가 있었다는 보고를 하고 있어 매우 감명 깊었음을 말하고 싶다.

나는 독자가 애정 어린 이 유용한 교재를 구해서 검토해 볼 것을 적극 권한다. 쉽게 이해할 수 있는 언어, 신빙성 있는 연구, 창의성 그리고 이 작업에 대한 열정을 높이 사면서, 책이 나오기까지 노력을 아끼지 않은 Linda와 Daniel에게 깊은 감사의 마음을 전한다.

Eliana Gil

Gil Center for Healing & play

Director of Clinical Services

Fairfax, VA

차 례

Chapter 4 소품: 선택과 배치 47

Chapter 5 모래상자치료 회기를 위한 프로토콜 69

Chapter 6 모래상자치료 회기의 진행과정 95

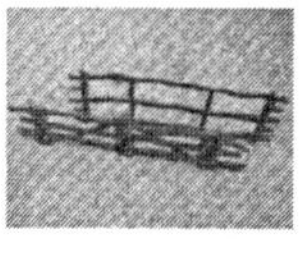

Chapter 7 모래상자치료에서 인지적 기법과 구조적 기법 통합시키기 117

Chapter 8 집단모래상자치료 129

Chapter 9 부부 및 가족 모래상자치료 139

Chapter 1

도입

한 아이가 치료실에 들어서면서 겁에 질린 채로 양부모의 다리 뒤에 숨어 있다. 아이는 성 학대를 받은 이후 대화를 거부하고 있다. 한 청소년이 그의 비행 때문에 억지로 상담실에 오게 된다. 그도 역시 화가 나서 대화를 거부한다. 이혼 위기에 있는 한 부부는 마지막 결심을 하기 위해 상담을 하고자 한다. 그들은 서로 소통이 이루어지지 않고 있으며, 치료사와는 더욱 그러하다. 거칠고 난폭한 행동을 하는 자녀 때문에 무기력해진 부모가 위기에 처한 가족으로서 아이와 함께 당신의 상담실에 왔다. 가족 체계가 무너져 있는 상태다. 당신은 무엇을 할 수 있겠는가?

이 상황에서 대부분의 치료사들은 내담자에게 그들에게 무슨 일이 일어났으며, 최근 어떤 경험을 했는지뿐만 아니라 그들이 현재 겪고 있는 일에 대해서도 이야기해 주기를 바란다. 내담자의 문제를 해결하고 치유하기 위해서는 자신의 고통과 좌절을 말로 표현해야만 한다는 것이다. 하지만 우리의 상담경험이나, 모래상자치료와 놀이치료 관련 서적들을 살펴보면(Landreth, Sweeney, Ray, Homeyer, & Glover, 2005), 그러한 폭 좁은 시각이 변화되고 있음을 알 수 있다.

개별적으로나 또는 가족 체계 안에서 아이들을 상담할 때는 그들이 성인들이 사용하는 방식으로 의사소통하지 않는다는 것을 고려해야 하는데, 이는 성인들의 대화 형태로 의사소통할 만큼 인지적으로나 언어적으로 완전히 성숙되지 않았기 때문이다. 아이들은 놀이를 통해서 소통한다. Landreth(2002)는 다음과 같이 제안하였다. "아이들은 소통하기에 적절한 자연스러운 매체가 있을 때, 그들의 놀이가 더 잘 표현되는데, ……아이들이 자신의 경험과 감정들을 '놀이로 표출하는 것'이야말로 그들이 할 수 있는 가장 자연스러운 역동이며, 자기치유의 과정이다."(p. 14)

발달심리학에서도 아이들과 의사소통을 하는 수단으로는 말하기보다 놀이의 사용이 더 적합하다고 지지한다. 그 이유는 아이에게 놀이는 전조작적이며, 아이들은 언어로 치료하는 성인이 갖는 지적 수준이나 세련미를 갖고 있지 않기 때문에, 아동기 특성은 성인 상담의 형식적 조작 양식에는 적절하지 않다는 것이다. 그러므로 아이들에게 전형적인 성인의 치료 방식에 참여하라고 요구하는 것은 다음과 같은 확고한 메시지를 전달한다. "우리는 전문가다. 그러니까 네가 우리의 의사소통 수준에 맞추도록 해야 한다. 우리는 너의 수준에 맞추는 것을 반기지 않아."

이러한 기본적인 관점은 갈등이나 정신적 외상을 겪는 청소년이나 성인에게 매우 중요한 영향을 미친다고 생각된다. 많은 경우에서 정신적 외상은—여러 면으로 그 심각성이 광범위하기 때문에 내담자의 반응 또한 광범위하게 나타날 수 있는—전조작적 상태다. 정신적 외상은 기본적으로 모든 연령의 사람들에게 아주 감각적인 수준에 영향을 미친다. 세련미나 단호성, 이성적 수준과는 무관하게 말이다. 감정적 위기에 있는 사람에게 말로만 표현하라고 하는 것은 적절하지 않으며, 사실 또다시 정신적 외상을 입힐 수도 있다. 놀이치료와 모래상자치료에 대한 수련 시기에 자주 설명되는 예로서, 청중의 한 사람을 일어서게 한 후 가장 난처한 정신적 외상을 입은 성적 경험을 질문하고 그 내용을 청중과 공유하도록 요청해 보는 경우가 있다. 흥분한 관중의 웃음이 진정된 뒤에 비로소 다음과 같은 요점을 말한다. "이것은 우리가 성추행을 당한 내담자에게 '당신에게 무슨 일이 생긴 건지 우리에게 말해 주세요.'라고 질문하는 것과 같은 것

이 아닐까요?"(Sweeney, 1997)

외상에 대한 신경생물학적 영향은 제10장에서 더 자세히 논의하겠지만, 여기서 몇 가지 소견을 요약해 본다. 정신적 외상에 대한 영향은 주로 감정을 담당하는 변연계가 있는 중뇌에 관한 것으로 알려져 왔다. 뇌의 실행 기능은 주로 전두엽에 위치해 있는데, 여기에서 정신적 외상 피해자의 비활성화된 수준이 자주 경험된다. 이는 언어를 담당하는 뇌의 브로카 영역(Broca's area)에서도 발생한다. 그래서 사람이 자신의 외상(수많은 치료적 접근법들이 예상하는)을 회상할 때, 인지처리 능력의 저하나 언어표현 능력의 저하 그리고 정서적 내용물이 증가하는 것을 알 수 있다. 이 순간에는 내담자가 이야기하는 자체를 매우 어려워한다는 것이다. 모래상자치료와 같은 표현적인 매개체는 이럴 때 매우 안성맞춤이다!

또한 정신적 외상에서 감각적 측면은 기본적으로 모래상자치료와 같은 감각 기반 치료를 필요로 한다. 독자는 『DSM-IV-TR』(American Psychiatric Association, 2000)에서 보듯이, 외상 후 스트레스 장애에 대한 진단기준이 감각기관에 기반한 것임을 알 수 있을 것이다. 즉, 정신적 외상을 입거나 외상 그 자체가 감각기관에 기반한 것으로 인식되고 있다. 사실, 많은 연구자들은 신체뿐만 아니라 두뇌에 입력된 충격적인 기억에 주목한다(Rothschild, 2000; van der Kolk, McFarlane, & Weisaeth, 1996). 그러므로 정신적 외상을 입은 아동, 청소년 및 성인을 위한 치료는 감각에 기반을 두는 것이 당연할 것이다. 언어중심치료법은 모래상자치료가 실행하는 이 기준에는 맞지 않다. 바로 모래상자치료가 이에 적합하다.

상담자는 내담자를 구별해 가면서 모래상자치료를 사용한다. 어떤 성인 내담자는 언어로 더 잘 표현할 수도 있고, 또 다른 내담자는 그렇지 않을 수도 있다. 어떤 내담자는 예술적 기법에 끌려서 모래로 시각적이면서 창의적인 것을 잘 만들기도 한다. 상담자의 이러한 통찰력과 민감도는 언어적 접근만 하기보다는 더 효과적인 의사소통 수단으로 깊이 있는 상담을 제공할 수 있다. 우리는 가끔 모래상자치료실/대면상담실(한쪽에 선반과 모래상자가 있고, 다른 쪽에 편안한 시트와 의자가 있는) 양쪽을 다 갖춘 곳에 앉아서 성인 내담자가 소품을 호기심 있게 바라보거나 때로는 주의 깊게 바라보는 것을 관찰할 수 있다. 그럴 경우에 그 내담자는 대부분 모래상자치료과정을 신속하게 효과적으로 잘 진행하는 것을 볼 수 있다. 그래서 기제를 적절히 활용하는 것은 치료적 관계를 맺는 데 아주 유용하다. 그리고 어려운 회기를 진행하면서 내담자와의 관계를 유지하는 데에서도 매우 도움이 된다.

놀이와 모래상자치료

모래상자치료과정의 주요 요소들은 놀이와 관계성을 촉진하며, 본질적으로 치료적이다. 이것은 모래상자치료사들에게 가장 잘 알려진 내용이며, 모래상자 내담자에게는 놀라운 발견이다. Caplan과 Caplan(1974)은 놀이과정에 관한 몇 가지 독특한 특성을 다음과 같이 제안하였다. ① 놀이는 본질적으로 자발성이 있으며, 규칙과 요구 사안들이 가득한 세계에서 재활성화되는 신선함을 제공한다. ② 놀이는 평가와 판단으로부터 자유롭고, 따라서 실수하는 것도 허용된다. ③ 놀이는 상상과 환상을 촉진시켜 경쟁 없이도 통제능력을 갖도록 한다. ④ 놀이는 참여와 관심을 증가시킨다. 그리고 ⑤ 놀이는 자기발달을 촉진한다.

Brown과 Vaughan(2009)은 이에 대해 다음과 같이 언급하고 있다.

- 놀이는 그 자체를 위해 행해진다—그것은 목적이 없어 보이기도 한다. 아무것도 요구하지 않는 모래상자치료의 경험은 통제가 잘 안 되는 내담자[모든 내담자?]에게 변화를 통해서 통제력을 회복할 기회를 준다.
- 놀이는 자발적이다. 심지어 의무적인 내담자에게서도 그렇다. 모래상자 경험은 환영받으면서 마음의 자유를 획득한다.
- 놀이는 고유의 매력이 있다. 자유와 성장을 촉진하는 활동에 끌리게 하는 성

질이 있다. 모래상자치료는 이러한 일을 하는 것이다.

- 놀이는 시간으로부터 자유롭다. 그러므로 시간에 구속되어 온 내담자에게 효과를 증대할 수 있다. 놀이나 모래상자치료는 고통과 혼돈의 굴레를 벗어나도록 한다.
- 놀이는 자기의식을 완화시켜 준다. 모든 내담자는 성장을 조절하는 자기의식 수준이 있다. 놀이경험은 부정적인 자기 진술에서 벗어나 긍정적인 자기인식을 촉진한다.
- 놀이는 어떤 것에 연장되어 이어지려 하는 잠재력이 있다. 이것은 모래상자치료의 폭넓고 다양한 적용 가능성을 나타낸다.
- 놀이는 욕구가 지속되도록 돕는다. 치료 작업에서—치료는 확실히 작업이다—재참여하려는 욕구를 촉진하는 활동은 강력하다. 모래상자치료는 이러한 잠재력을 가지고 있다.

이와 같이, 심리치료과정에서의 놀이와 모래 같은 표현 매개체의 결합은 당연한 귀결이라 할 수 있으며, 그에 따라 치료과정에 대해 몇 가지 정의를 내릴 필요가 있다.

놀이치료는 단순히 전통적인 언어중심 치료의 적용에 놀이 매체 유형을 접목한 것 이상의 의미를 갖고 있다. Landreth(2002)에 따르면, "놀이치료는 아이(또는 모든 연령의 사람)와 치료사 사이의 역동적인 상호 관계라고 정의하고 있다. 놀이치료과정을 훈련받은 치료사는 선별된 놀잇감을 제공하고 아이의 자연스러운 의사소통 매개체인 놀이를 통해 아이(또는 모든 연령의 사람)가 충분히 표현하고 자기(감정, 생각, 경험, 행동)를 탐험하도록 안전한 관계형성을 촉진한다."(p. 16) 이것은 모래상자치료기법에도 마찬가지로 적용되는 포괄적인 정의다.

모래상자치료는 '역동적인 상호 관계'를 포함해야 한다. 특정한 치료기법이나 이론적 접근에 관계없이 모래상자치료에서는 역동적인 상호 관계의 발전과 변화가 매우 중요하다. Kalff(1980)는 보호받는 공간을 창조하는 일은 치료사의 애정에 의한 것이라고 지적하면서, 치료사가 만들어 내는 "자유롭고 보호받는 공간"의 중요성을 강조했다. 모래상자치료사는 '모래상자로 치료과정들을 훈련받아야 한다.' 개인적인 모래상자치료의 경험뿐만 아니라 적절한 교육과 슈퍼비전을 받는 경험은 모래상자치료에 관심 있는 치료사에게 매우 중요한 일이다. 윤리적이고 신뢰할 수 있는 심리치료사는 치료를 수행하기 전에 이론적으로나 임상적으로도 치료적 양식에 근거를 두고 있어야 한다. 이는 모래상자치료에서 특히 더 중요하다.

우리는 또한 모래상자치료사는 누구나 모래상자치료의 내담자가 되는 경험을 가질 것을 제안한다. 모래치료의 표현양식의 영향력에 대해 분명히 확신하기 때문에—그리고 치료사에게 개인적이고 전문적인 성장은 일생 동안 진행되는 과정이기 때문에—모래상자치료사가 모래상자치료의 정신 내적인 면이나 인간관계를 향상시키는 모래상자치료의 특성을 경험하는 것이 적합하다. 우리가 자신만의 모래상자(도전하는 날 이후로 자신만의 모래상자를 꾸미는 것처럼 괜찮은 것은 없다!)에서 개인적인 작업도 하고, 자격을 갖춘 동료와 함께 모래상자치료 내담자가 되는 경험을 하는 것은 매우 유익한 일이다.

제4장에서 언급하겠지만, 모든 놀이치료 양식과 마찬가지로, 모래상자치료과정에서 '선별한 놀잇감을 제공하는 것'은 매우 중요하다. 모래상자 소품의 무작위적인 수집은 적절하지 않다. 의도적이며 신중한 선택이어야 한다. 내담자는 비구조적으로 수집된 놀잇감 때문에 감정적으로 압도되거나, 제한된 수집 때문에 제약을 받거나, 체계적이지 못한 수집에 의해 혼란할 수 있다. 소품의 수집은 모래상자치료사의 훈련과 경험의 축적에 좌우되는 산물이다.

모래상자치료사는 내담자가 치료적 경험을 하는 것을 이끌어 나가며 조정하기보다는 '촉진'시켜야 한다. 아동이나 개인 그리고 가족은 이미 통제력을 잃고 무기력한 상태에서 치료과정을 시작하기 때문이다. 모래상자치료사가 치료과정을 단순 연출하지 않고 역량 있게 촉진할 때, 내담자는 안정감과 유능감 및 자기통제감의 성장을 통해 치유경험을 하게 된다. Siegelman(1990)은 이러한 촉진과정을 다음과 같이 잘 설명하고 있다. "치료사가 두려움으로 위축된 내담자를 안전감을 느끼게 하면서 상징놀이를 시작하는 순간 참여자가 되어 관찰한다는 것은 출산 시 조산사가 되는 것과 같은 의미다."(p. 175) 이러한 치료적 기능은 내담자가 '자신을 충분히 표현하고 자기탐구'의 기회를 만들어 준다. 이는 자기표출과 자기촉진은 상담과정에서 매우 중요하며, 모래상자치료의 근원적인 요소가 된다. Kalff(1981)는 이러한 자기탐구를 강조하였다. "내담자는 모래놀이를 통해서 치료사가 인정할 정도로 충분히 내담자 스스로가 자기를 알아차리는 단계에 도달한다."(p. viii)

마지막으로, Landreth가 언급한 정의의 마지막 요소는 특히 모래상자치료과정에 잘 적용된다. 놀이는 아이들 '의사소통의 단순 매개체 이상'이다. 사실, 발달수준의 고려 없이, 인지적인 언어화와 토론이 내담자의 자연스러운 의사소통 매개체라고 추측하는 것은 잘못이다. 앞서 언급하였듯이, 우리는 위기에 처한 많은 내담자가 의사소통을 하기 위해서는 표현을 가능하게 하는 자연스러운 소통매체의 유형이 포함되어야 한다고 강조하였다.

놀이치료와 모래상자치료는 개인치료적인 치료양식으로 간주되었다. 그러나 우리는 부부나 가족을 위한 모래상자치료는 매우 흥미진진하고 효과적이라고 주장한다. 이것 또한 제8장에서 자세히 다룰 것이다.

사실, 가족 치료와 모래상자치료의 결합은 자연스러운 결합이다. Eliana Gil(1994)은 "가족 치료사와 놀이치료사는 훌륭한 특성을 공유하고 있다. 그들은 현존하는 치료사들 중에서 가장 창조적이고 역동적이다. 가족 치료사들은…… 언어적인 의사소통을 강화하거나 아니면 다른 방법으로 교체하는 등 가족들의 참여를 역동적으로 이끌어 낸다."(p. 34)라고 하였다.

아동을 포함시키기 위해서, 모래상자치료와 같은 표현을 가능하게 하는 매체를 제공하지 '않는' 가족 치료는 진정한 '가족 치료'가 아니다. 가족을 치료하는 체계적인 접근이 자주 알려지고 격려되는 반면에, 그 과정에서 아동에 대한 배제가 있다면 진정한 의미의 체계적인 치료는 이루어지지 않는다. 이 영역의 개척자 중 한 명인 Nathan Ackerman(1970)은 "세대 간의 의미 있는 가족 교류에 아동을 참여시키지 않고서는 가족 치료가 있을 수 없다."(p. 403)고 밝혔다. 또한 모래상자치료는 떠오르는 의미 있는 생각들의 정보 교류를 돕는 통로를 만들어 준다. 모래상자치료의 내용은 가족 동맹, 성격발달 수준 그리고 세대 간 소통양식에 대한 청사진을 은유적으로 제공한다. 미술치료처럼, 방어하지 않으면서도 표현되게 하는 모래상자치료는 치료사에게 그 가족의 정서적인 기질을 관찰하는 기회뿐만 아니라, 언어적으로 드러나지 않는 정보까지 접할 수 있는 기회를 제공한다(Kwiatkowska, 1978).

모래상자치료의 정의

소품의 수집과 모래상자의 치료적인 사용방법에 대한 다양한 이론적 접근들이 있다. 우리는 일반적으로 절충적 입장을 취하면서, 다음과 같이 모래상자치료를 정의한다. 모래상자치료는 개인의 심리 내적인 문제와 외적인 관계 문제에 대한 전개와 과정을 포함한 표현적이며 투사적인 정신치료 양식이고, 의사소통에서 비언어적 매개체로서 모래상자 재료들을 사용함으로써 내담자가 주도하고 훈련된 치료사에 의해 촉진되는 치료다. 이것은 또한 내담자의 안정감과 통제력을 증진시키며, 매체를 통해 감정적 문제가 해결될 수 있도록 돕는 과정이다.

> 모래상자치료는 개인의 심리 내적인 문제와 외적인 관계 문제에 대한 전개와 과정을 모두 포함한 표현적이며 투사적인 정신치료 양식이고, 의사소통에서 비언어적 매개체로서 모래상자 재료들을 사용함으로써 내담자가 주도하고 훈련된 치료사에 의해 촉진되는 치료다.

우리는 이 책에서 신중하게 '모래상자치료'라는 용어를 선택했다. 이 용어는 '모래놀이'라는 용어와 우리의 모래와 모래상자 재료를 사용하는 치료적 접근방식을 구별하기에 적절하다. 모래놀이는 스위스 융 분석가적 접근을 하는 D. Kalff(1980)가 발전시킨 모래치료적 접근법을 말한다. Kalff와 모래치료의 발달에 대한 것은 다음 장에서 간략히 언급할 것이다. 우리의 경험상, 모래와 모래상자 재료의 치료적인 사용을 언급할 때 '모래놀이'라는 용어가 일반적으로 사용되지만, Kalff의 연구에서 생겨난 융 학파(Jungian) 접근법을 논의할 때 모래놀이를 참조하는 것이 더 적절하다.

모래상자치료는 아동, 청소년 그리고 성인에게 이용되기도 하고, 개인, 집단,

부부 및 가족에게도 활용될 수 있다. 그 밖의 다른 치료적 양식과 마찬가지로, 모래상자치료 사용 시 목적이나 의도, 그리고 전문적이면서도 합리적인 치료계획이 서 있어야 한다. 또한 관심 있는 치료사가 이 효과적인 매체를 활용하기 위해서는 적절한 훈련을 받고 슈퍼비전을 경험해야 할 것을 권장한다.

Chapter 2

역사 및 이론적 배경

모든 연령대의 내담자들과 가족들은 자신들의 고통을 표현하고 처리할 곳을 간절한 마음으로 찾아다닌다. 대부분 내담자들은 정신치료의 관점에 대해서 많이 주눅 들어 있는데, 이는 그들이 자신들의 문제를 말로 표현한다는 것이 공포에 가까운 감정을 직면하는 것을 의미하기 때문이다. 상담에 우호적인 내담자라도 이 문제를 어렵게 직면하고 있으며, 치료사 역시 개인적으로나 전문적으로나 이 현실에 처해 있다. 모래상자치료는 이와 같은 위협적인 과정을 극복하기 위한 공간을 제공한다. 그러므로 모래상자치료 개입의 효과성뿐만 아니라 고통에 빠진 내담자를 위한 치료공간으로서의 특성이 있음을 확신할 수 있다. 이 장에서는 모래상자치료의 역사를 간단히 살펴본 다음, 개인과 아동 그리고 가족과 함께하는 모래상자치료의 사용에 대한 실질적인 유용성뿐만 아니라 몇 가지 이론들에 대해서 살펴보고자 한다.

역사 개요

Margaret Lowenfeld(1939)는 1920년대에 모래상자와 소품의 치료적 사용을 처음 개발하였다. 그녀는 H. G. Wells의 저서 『마루게임(*Floor Games*)』을 읽고, 두 아들과 함께 마룻바닥에서 소품 장난감으로 노는 정교한 놀이에 대해 알게 되었다. Lowenfeld는 자신의 상담소에서 이 개념을 적용하여, 모래와 물이 있는 금속 쟁반, 그리고 상자 안의 소품 장난감들을 사용하였다. 그녀는 내담자에게 그 물체들을 가지고 '세계 그림(World Pictures)'을 만들도록 하였으며, 이는 "Lowenfeld의 세계기법(World Technique)"(Lowenfeld, 1979)이라고 불리게 되었다.

> 나는 아동의 감정이나 생각을 그들의 손으로 직접 표현하도록 하여, 그들의 창작품과 설명 등을 기록함으로써 그들을 더 잘 이해할 수 있는 장치를 고안할 수 있도록 목표를 정했다(Lowenfeld, 1979, p. 3).

한편, 놀이치료는 Sigmund Freud(1909)의 리틀 한스(Little Hans)의 사례와 Hermine Hug-Hellmuth(1921)의 후속 작업이 시작되면서 공동 개발되어 적용되었다. Lowenfeld가 모래상자치료 접근법을 개발하고 있을 무렵, Anna Freud와 Melanie Klein은 놀이치료 쪽에 종사하면서 놀이치료 연구에 대한 집필 작업을 하였다. Klein(1932)은 놀이가 언어적 표현의 대안으로서 자유연상의 정신기법을 대체할 수 있다고 믿는 반면, Freud(1965)는 아동 내담자와 함께 확고한 치료적 관계를 맺는 수단으로서의 놀이를 처음으로 발견하였다.

모래상자를 사용하여 아동과 함께하는 작업은 융 분석학자인 Dora Kalff의 작업에 의해 더욱 확장되고 대중화되었다. Lowenfeld의 연구에 대해 학습한 그녀는 모래놀이라는 치료양식을 적용하였다. 제1장에서 언급하였듯이, '모래놀이'라는 용어는 비록 그것이 융 심리학 범위를 넘어서서도 널리 사용되고 있지만 융 접근법을 지칭하는 것이다. Kalff(1971)는 Lowenfeld의 중요한 업적을 다음과 같이 인정하였다. "그녀는 완벽하게 아동의 세계를 이해하였으며, 독창적인 영감으로 아동이 모래상자에서 하나의 세계, 즉 그 아동의 세계를 창조할

수 있게 하는 방법을 창출하였다."(p. 32)

놀이치료의 광범위한 영역에 대해서 기록해 보는 것은 매우 흥미로운 일인데, 놀이치료 분야가 한창 발전적인 시기에 역사적으로는 Lowenfeld와 Kalff가 거의 언급되지 않고 있다는 사실이 있다. 확실히 모래상자치료는 놀이치료적 접근이며, 광범위한 놀이치료 영역에서 모래상자치료의 선구자들은 충분히 인정받을 만한 가치가 있다고 제언한다.

내담자와 함께 모래로 작업하는 데에는 이론적 · 기술적 접근으로 다양한 방법이 있는데, 전통적인 Lowenfeld의 접근법과 융의 모래놀이부터 게슈탈트 접근과 인지행동치료적 접근 등이 그것이다. 이 모든 방법들은 각각 나름대로의 치료적 가치를 지닌다.

우리는 치료사와 상담 교육자다. 우리가 교수 역할을 할 때 상담이론에 관한 코멘트를 하며, 그럼으로써 교육자로서 가치 있고 유용한 이론을 더욱 기대하게 된다. 아무튼 우리는 이론에 충실한 근거 있는 논의를 할 것이다. 일반적으로, 사람은 다양한 상담 기술이나 방법을 구사한다. 즉, 다양하면서 절충적인 방법들 말이다. 그래서 우리는 다양하고 절충할 수 있는 방법들에 관심을 갖는다.

이론만으로는 불충분하다. 사실, 기법이 없는 이론은 그저 사상일 뿐이다. 그 반대도 마찬가지다. 이론 없는 기술은 무모하고, 심지어 위험하기까지 하다. 따라서 우리는 관심 있는 독자에게 이론 및 모래상자치료기법의 개인적인 경험이나 훈련과 슈퍼비전을 받을 것을 강조하고 싶다. 이에 관해서는 부록 C의 참고도서 목록을 참조하기 바란다.

이론적 배경: 왜 모래상자치료를 사용하는가?

경험 많은 숙련된 모래상자치료사가 강조하듯이, 모래상자치료는 내담자와 상담자 모두에게 많은 이점이 있다. 표현적이며 투사적인 기법의 여타 상담과 마찬가지로, 모래상자치료는 상처받은 내담자에게 중요한 매개체를 제공한다.

다음은 모래상자치료를 활용할 때 필요한 주된 이론 설명과 장점 중 몇 가지를 요약한 것이다.

1. 모래상자치료는 비언어화된 감정적 문제들에 대해 표현할 수 있도록 돕는다. 놀이는 어린 시절의 언어일 뿐만 아니라 말로 표현할 수 없거나 말하기 싫어하는 모든 연령의 내담자를 위한 언어다. 모래상자는 표현하기에 안전한 매개물을 제공한다. 만약 놀이가 언어라면, 소품은 단어들이다. 마치 텅 빈 캔버스가 예술가의 표현을 위한 장을 제공하듯이, 상자는 내담자의 감정 표현을 위한 장을 제공한다. 평가가 필요 없는 경험을 하도록 매개체가 제공되기 때문에 내담자는 창의적이거나 예술적인 특정 능력이 필요 없다.

   자기주도적인 모래상자치료과정은 내담자가 온전히 자기 자신이 되도록 돕는다. 배려와 수용적인 관계를 포함하는 모래상자치료를 통해서, 아동과 가족은 자신들의 인격의 전체성(total personality)을 표현할 수 있으며, 상처를 가진 내담자는 새로운 가능성을 생각할 수 있게 된다. 내담자 중에는 언어적 표현이 불가능한 사람도 있는데, 그렇기 때문에 그들이 자기표현을 두드러질 정도로 잘할 수 있도록 돕는다. 그러므로 모래상자치료는 정신의 상징화를 넘어서는 자기표현과 자기탐색으로 가득 차게 된다.

2. 모래상자치료는 독특한 운동감각 특성이 있다. 우리는 이미 모래와 놀이의 감각 특성에 대해 이야기하였으며, 또 스트레스나 위기에 빠진 내담자를 위해 모래상자치료의 감각적 경험의 필요성에 관해서도 살펴보았다. 모래상자치료는 이러한 감각적 경험을 제공하고, (내담자뿐만 아니라) 우리모두에게 필요한 운동감각적인 경험을 충족시킨다. 이러한 기본적이고 본질적인 것, 기본적인 애착 욕구의 활성화는 관계성과 경험을 통해 일어나게 되며, 모래상자치료는 내담자를 위하여 이 두 가지 기본 요소를 다 제공하고 있다.

   모래를 만지고 다루는 그 촉각적 경험은 그 자체가 치료적 경험이다. 우리는 자신의 손가락으로 모래를 만지작거리기만 하는 비언어적인 내담자를 자주 만나게 되는데, 그들의 심각한 문제에 대해서 언어로 표현하게 하는 결과를 초래하게 된다. 마치 모래를 통한 감각적 경험이 터놓고 이야기하게 만든 것처럼 말이다. 이처럼 의도나 목표가 없었음에도 치료적 부산물이 발생하는 것이다. 특히 과거에 감각적 경험에 상처가 있던 내담자에게는 모래를 만지고 소품을 놓는다는 것 모두가 안전감을 주고 운동감각적으로 더욱 만족감을 준다.

3. 모래상자치료는 내담자를 위해서 필요한 치료적 거리를 만들어 준다. 감정적 위기에 빠진 내담자나 가족은 언어로 자신의 고통을 표현할 수 없는데, 모래상자치료와 같은 투사적인 매개체를 통해서는 표현을 잘할 수 있다. 정신적 외상을 입은 내담자를 자주 목격하게 되는데, 내담자는 고통을 직접 말로 표현하는 것보다 모래상자치료의 소품 중 하나를 통해 '말하는 것'이 더 쉬울 수 있다. 매체의 지속성과 내담자가 과정(회기)을 주도하도록 하는 치료사의 일관성은 내담자 스스로가 치료적 거리감의 공간을 확립하도록 만든다. 모래상자치료에서 아동이나 성인 그리고 가족은 모래상자와 소품에 대한 투사를 통해, 그리고 상징화와 승화를 통해서 감정적으로 해방감을 경험하게 된다.

4. 모래상자치료가 제공하는 치료적 거리는 감정적 해소의 정화(해제반응)가 일어날 수 있는 안전한 장소다. 외상을 경험한 아동과 가족은 애착의 부정적 감정경험뿐만 아니라 억압된 문제를 드러내고 자신을 정화하기 위해 다시 체험할 수 있는 공간의 치료적 장치가 필요한 것이다. 정신적 외상의 치료에서 중요한 요소인 정화는 표현을 가능하도록 촉진하는 일이다.

5. 모래상자치료는 정신적 외상을 입은 내담자에게 효과적인 개입이다. 표현적이고 투사적인 개입(중재)의 특성을 통해 모래상자 내담자에게 안정성

을 제공할 뿐만 아니라, 비언어적인 개입의 필요성을 요하는 정신적 외상의 신경생물학적인 효과도 있다. 외상의 운동감각적인 특성은 모래상자와 같은 감각적인 개입을 통해 다루어질 수 있으며, 인지과정에서의 신경생물학적 억제나 언어화 문제를 해결하는 데에서는 표현적인 중재기법을 필요로 한다. 이것은 이미 간단하게 언급하였는데, 제10장에서 자세히 다룰 것이다.

6. 가족과 함께하는 모래상자치료는 정말 포괄적이며 전체적인 경험이다. 앞서 언급하였듯이, 가족을 다루는 것에 대해서는 성인 면담식 접근방식이 단호하게 진행되고 있어서 가족 내에서의 아동의 발달수준이 존중받거나 인정되지 않고 있다. 가족과 함께하는 모래상자치료는 이러한 장애를 극복한다. 모래상자치료는 모든 가족 구성원의 놀이 영역 수준을 만들어 주고, 각자가 자신을 표현할 기회를 준다. Keith와 Whitaker(1981)는 "기본적인 가족 치료는 이러한 비언어적인 수준에서 일어난다."(p. 249)고 결론지으면서, 가족 치료과정에 결정적인 부분으로서 놀이치료적 개입을 포함시켰다.

예를 들면, 아동에게 가족 내에서의 의사소통 유형을 상세하게 이야기해 줄 것을 요구한다면, 매우 위협당하는 것으로 느낄 수 있다. 이것은 고립감이나 무력감을 느끼는 가족 구성원이 위협을 당한다고 느끼는 것과 같은 것이다. 특히, 외부인에게 "더러운 세탁물을 공중에 말리는 것—즉, 치부를 드러내는 일—"이 금기시되어 있는 것처럼 가족 구성원은 가족문제에 대해 암묵적으로 이야기하지 않는 것으로 되어 있다. 그렇지만 모래상자치료의 소품은 할 수 있다! 전형적인 가족 조각을 하는 가족 회기에서는 아동이 압도당할 수 있으나, 모래상자에서는 쉽게 묘사할 수 있다. 인형 역할놀이처럼, 모래상자치료는 "동일시 과정 속에서 비현실적이고도 위협적이지 않은 분위기를 만들어 내며, 그 속에서 캐릭터를 통해 감정적 측면과 대인관계의 투사를 촉진할 수 있다."(Bow, 1993, p. 28) 제8장에서는 모래상자치료와 함께하는 부부나 가족을 다루는 것에 대해 특정한 세부 사항을 제공한다.

7. 모래상자치료는 내담자의 안전을 촉진하는 경계와 한계를 자연스럽게 제공한다. 경계와 한계는 다른 관계뿐 아니라 치료적 관계를 정의한다. Sweeney(1997)는 다음과 같이 제안하였다. "경계가 없는 관계는 관계가 아니다. 오히려 그것은 사람들이 관계를 맺는 데 특정한 규칙을 가지지 않기 때문에 만들어질 수 없는 관계의 비구조화된 시도일 뿐이다. 경계가 없는 세계는 안전한 세계가 아니며, 아동은 자신이 안전하다고 느끼지 않는 곳에서는 성장하지 않는다."(p. 103)

   모래상자치료사의 엄선된 도구와 모래상자치료과정의 주의 깊은 구조는 내담자의 성장에 필요한 안정감을 제공한다. 모래상자의 크기, 소품의 크기와 선택, 사무실의 환경 지침과 치료사의 안내는 모두 내담자에게 경계와 제한을 제공한다. 이러한 제한이 의도적이고 필수적이지만, 그것들은 표현의 자유를 촉진한다. 이러한 모래상자치료 고유의 제한들은 치료과정에 집중하게 하고, 경계가 주는 안정성을 촉진할 뿐만 아니라, 내담자가 치료적인 문제에 집중하도록 돕는다.

8. 모래상자치료는 치료적 은유의 출현에 독특한 환경을 제공한다. 심리치료 및 은유에 관한 서적들의 양은 증가하고 있으며, 특히 대부분 언어적 은유가 집중적으로 증가하고 있다. Siegelman(1990)은 은유를 다음과 같다고 제안하였다. "추상적인 것과 구체적인 것을 특별한 방법으로 결합하여, 우리로 하여금 알려져 있는 것부터 알려져 있지 않은 것까지를 느끼는 세계로, 상징적 세계로 가도록 돕는다. 이러한 결합은 통찰력을 이끌어 내는 강한 감정을 불러일으킨다."(p. ix) 실로, 은유는 치료적으로 강력하다. 치료에서 가장 강력한 은유는 내담자 자신에 의해 만들어진 것들이다. 모래상자치료는 이러한 상황이 일어나도록 최적의 환경을 제공한다. 모래와 소품

들은 내담자가 자신만의 치료적인 은유를 표현하는 데 매우 이상적인 것들이다.

치료적인 은유가 출현하는 경우에는 치료적인 해석이 자연스럽게 따른다. 우리는 해석에 초점을 두는 것을 반대하는 Kalff(1980)의 경고에 주의해야 하는데, 내담자에 의한 해석이 가장 중요하다는 것을 인정해야 하는 것이다. 모래상자의 해석은 치유과정에서 반드시 필수적이지는 않으며, 해석할 때 내담자의 것이 아닌 상담자 자신의 경험과 생각으로 하는 자기 자신을 깨달을 필요가 있다고 강조한다. 이는 내담자의 경험에 대한 표현을 해석하고 나눌 때 치료사의 것이 아닌 내담자의 욕구에 부응해야 한다는 것이다.

9. 모래상자치료는 내담자의 저항을 극복하는 데 효과적이다. 아동과 함께하는 가족 치료에서는 규칙을 잘 지키지 않는 비자발적인 내담자들이라는 것을 기억하는 것이 중요하다. 아동은 일반적으로 스스로 참여하려고 하지 않으며, 가족 구성원 모두가 치료를 시작하는 데 열성적이지는 않다. 모래상자치료는 내담자를 위협적이지 않은 방식으로 몰입시키는 특성 때문에, 과묵한 가족 구성원과 비자발적인 내담자를 끌어들이고 매료시킬 수 있다. 놀이는 아동에게 자연스러운 의사소통의 매체이기에, 성인에 의한 강요로 오게 된 어린 내담자는 일반적으로 치료에 잘 따르게 된다. 이는 놀이를 통해 자신을 표현하는 것이 허용되기 때문이다.

저항하는 개인이나 가족 구성원을 위해서, 모래상자치료는 언어로 표현하는 것에 대한 공포감의 갈등을 반전시키는 의사소통 수단을 제공해 준다. 부부가 함께할 때, 예컨대 한쪽 배우자가 하고 싶어 하지 않거나 열정적이지 않은 경우를 흔히 볼 수 있는데, 이와 관련해서 각각의 가족 구성원이 모래상자를 구성하게 하는 것은, 그 가족 내에서 각자 자신의 수준을 그대로 반영하도록 하는 유익한 면이 있다. 이런 관점에서 볼 때, 저항은 모래상자치료에 의해서 극복되어야 할 뿐만 아니라 충분히 더 표현되어야 한다고 할 수 있다.

10. 모래상자치료는 언어 표현력이 부족한 내담자에게 필요하며 또한 효과적인 의사소통 수단을 제공한다. 아동에게 비언어적인 치료적 매개체를 제공해야 하는 발달상의 중요성 외에도 그 밖의 다양한 이유로 언어 표현의 결핍이 있는 모든 세대의 내담자들에게 제공될 수 있다. 언어 표현력의 결핍에는 발달상의 언어지연이나 언어장애 경험을 가진 내담자도 포함한다. 사회적으로나 또는 관계의 어려움을 가진 내담자들, 신경생리학적 어려움이 있는 내담자들, 그리고 제2언어로 영어를 사용하는 내담자도 포함된다. 대부분의 이중 언어 사용 내담자들은 상담 시 모국어로 자신을 표현하기를 더 좋아한다. 모래상자는 일반적인 상징 언어로서 마음속 깊은 개인적 문제의 표현을 가능하게 한다.

절실하게 뭔가를 원하지만 부모와 소통이 되지 않는 유아처럼, 누구나 효과적으로 원하는 바를 말할 수 없을 때는 엄청난 수준의 좌절을 경험할 수 있다. 유아가 자신의 소망이나 욕구를 의사소통할 수 없어서 짜증이 날 때, 부모-자녀 사이에는 관계상의 극렬한 마찰이 일어난다. 마찬가지로, 사람들이 자신의 소망이나 바람을 언어로 표현하지 못할 때 여러 가지 유형의 관계에 대한 도전은 가족 사이에서도 드러난다. 모래상자치료과정은 말에 의존하지 않고도 욕구와 소망을 표현할 수 있는 공간을 제공한다. 원인에 상관없이 언어 표현력이 부족한 내담자는 모래상자치료에서 안심할 수 있는 공간—즉, 언어 표현에 의존하지 않고, 매체의 자유로움을 통하여 표현하는 공간—을 찾아낸다.

11. 반대로, 모래상자치료는 방어기제로서 사용하는 언어적 표현을 차단한다. 성숙한 아동인 것처럼 보이도록 하는 언어 표현을 잘하는 경우에는 발달적 인지수준에 맞는 효과적인 의사소통을 할 수 없기 때문에, 모래상자치료는 아동에게 진실되고 자연스러운 매체를 통해 의사소통할 수 있는 수단

을 제공하는 것이 된다. 방어기제로 주지화와 합리화를 잘 사용하고 세련된 언어 구사를 하는 성인의 경우에도 모래상자치료는 이러한 방어를 차단할 수 있다. 또한 알아 두어야 할 것으로서, 언어적 방어를 잘하는 가족 구성원이 있는 가족구조라도 한두 명은 대화나 의사소통의 문제를 갖고 있는 가족 구성원이 있을 수 있다. 모래상자기제는 그것을 깨닫게 하는 중요한 힘이 된다. 모래상자치료의 표현적이면서 비언어적인 특성은 이러한 방어적 역동을 확인하고 그것을 다루는 비언어적인 방법을 제공한다.

12. 모래상자치료는 개인, 부부, 가족 혹은 집단의 내담자를 위해 통제감을 경험할 수 있는 장을 제공한다. 과거의 위기나 외상에 의해 나타나는 중요한 결과는 통제력을 상실했다는 것이다. 감정적 혹은 심리적 상실감, 생리학적 조절의 상실은 위기와 갈등이 만들어 내는 가장 비참한 산물 가운데 하나다. 위기 속에서 개인과 가족은 모두 통제력을 잃었다는 좌절과 두려움을 느낀다. 이러한 내담자를 위한 필수적인 목표는 개인이나 가족의 무력해진 상처감을 다루어서 그들에게 새로운 힘을 회복하도록 돕는 것이다.

모래상자치료의 자기주도 과정은 내담자에게 통제할 수 있도록 하는 공간을 제공해 준다. 자기통제력을 확보하려는 내담자를 위하여, 모래상자치료는 한계를 설정해 주고 이것이 일어날 수 있도록 자유롭게 허용해 준다. 책임을 회피하는 내담자를 위하여, 모래상자치료는 과정의 조절과 책임을 내담자가 갖도록 한다. 만약 내담자의 치료목표가 내적 통제력을 더 많이 갖기를 원하는 것이라면, 모래상자치료는 이 목적을 달성하는 데 효과적인 수단이 된다.

13. 모래상자치료를 통하여 전이라는 과제를 효과적으로 다룰 수 있다. 표현적인 매체는 전이의 대안적인 대상을 창조한다. Lowenfeld(1979)는 모래세계의 창조에서, 전이는 내담자와 치료사 사이에 일어나기보다는 내담자와 모래상자 사이에서 일어난다고 제언하였다. Weinrib(1983)은 모래상자가

흔히 독립적인 관심의 대상으로 받아들여지면서 내담자가 치료사보다는 오히려 상자로부터의 이미지를 마음속으로 취할 수 있다고 지적했다. 그러나 전이와 관련된 이론적인 조망과는 상관없이, 모래상자치료는 필요에 따라 전이의 문제를 다루기 위해서 수단을 제공한다. 상자와 소품들은 전이의 대상물이 되기도 하고, 전이문제가 안전하게 다루어지는 수단이 되기도 한다.

14. 마지막으로, 깊은 정신 내적 문제들이 모래상자치료를 통해 더 철저하고 더 빠르게 다루어질 수 있다. 깊은 곳에 자리한 감정적인 문제와 무의식적 갈등 분쟁의 근저에 접근하는 것은 모든 상담사들에게 어려운 일이며 하나의 도전이 된다. 아직 종합적인 목록과 지침이라고 할 수는 없지만, 이와 같이 제시된 모래상자치료의 특질에 의해서 무겁고도 복잡한 정신 내적 문제에 안전하게 접근할 수 있는 환경이 제공된다고 할 것이다.

대부분의 내담자들은 심리치료에 자신들의 존재가 반영될 때 변화하고자 하는 의욕이 생긴다. 반면, 대부분의 내담자들은 자신들의 자아가 공격받을 때 방어적으로 된다. 모래상자치료는 자아통제력과 다른 방어기제 등을 완화시키고 자신에 대한 공개를 촉진하는 데 유용하다. 이를 통해 인간관계 혹은 개인 내적인 측면에 대한 대안을 마련하는 능력을 증가시켜 준다.

Bonnie Badenoch(2008)는 모래상자치료와 뇌에 대한 광범위한 관점을 열거했다. Badenoch는 모래상자를 사용함으로써 오른쪽 뇌 변연계의 작용을 일깨우고 통제하며 오른쪽 뇌의 수직적인 통합을 촉진시킨다고 하였다. 새로운 신경 경로인 '템플릿'이 발달하고, 고통스러운 역기능적 기억들을 효과적으로 재정비한다. Badenoch는 모래를 만짐으로써 뇌가 활성화된다고 지적하였다. 감각은 촉각을 입력시키는 전두엽 피질로 연결된다. Badenoch에 따르면, 상담사와 내담자는 모래상자를 구성하는 동안 우뇌 공명을 통해 서로 파장을 맞춘다.

또한 이에 더하여 "내담자가 고통스러운 경험을 회상할 때 감정이입되어서 긍정적으로 다정다감한 상태가 되면, 새로운 시냅스는 뇌 전체를 통하여 새로운 정보를 가져오고, 혈류는 마음을 좀 더 진정시키는 통로로 변경된다."(p. 12)고 하였다. 일단 모래상자의 세계를 구성하고 그 내용에 대해 언어로 이야기할 때, 좌우 뇌의 통합이 이루어진다. 우뇌의 감정 및 이미지와 좌뇌에서 일어나는 스토리에 단어들을 덧붙이는 것은 실제로 뇌량(좌우 뇌 반구 사이를 연결하는 조직)을 더 키우고 강화시켜, 그 결과 모래상자치료경험에 의한 감정적인 내용의 더 큰 통제력을 촉진한다. 또한 Badenoch는 다음과 같이 언급하였다. "모래를 사용하지 않는 상황에서도, 상징으로서의 소품 사용에 대해 대화를 통하여 양쪽의 통합을 자극하고 그에 따라 경험을 조절하는 방향으로 발전한다."(p. 227) "신체에 근거를 둔 모래놀이는 대뇌 변연계 영역 및 피질을 통해 확장하고 상징적인 것이 말로 전개되기 때문에 양쪽 반구에 걸쳐 영향을 준다."(p. 220)

마지막으로 고려해야 할 점

> 당신이 할 수 있는 한, 이론을 열심히 연구하라. 그러나 당신이 살아 있는 영혼의 기적을 만날 때에는 그 이론들은 치워 버려라 (Jung, 1928, p. 361).

정신건강 관련 전문직에서 사용되고 주장된 기법들은 무수히 많다. 그러나 상처받은 사람은 반드시 치료기법에 의해서만 치유되는 것이 아니다. 그들이 누군가를 진정으로 만날 때, 그리고 진정한 자기를 만날 때, 비로소 마음의 치유를 경험하게 된다. 그것은 내면에서 일어나는 과정이며, 또 관계적인 과정이기도 하고, 마음의 여정이기 때문이다. 솔로몬 왕은 "부지런히 그대의 마음을 지켜라. 왜냐하면 마음으로부터 인생의 문제가 생기기 때문이다."(잠언 4:23)라고 하였다. 인지 문제에 초점을 둔 언어중심의 상담이론은 마음의 중요성을 그다지 고려하지 않는데, 그 마음이 우리에게 삶의 문제를 초래한다. 모래상자치료는 이러한 내면의 핵심을 추구하고 지키기 때문에, 모래상자치료는 일반적인 치료양식 그 이상이라고 진술한다. Spare(1981)는 다음과 같이 기술하였다. "임상사례 관점에서 볼 때, 모래상자치료를 의미 있게 사용한다는 것은 우리 스스로의 인간적인 마음의 기능 그 자체이며, 우리 자신의 중심과 내담자의 중심과 마음, 그리고 심리치료과정에서 찾고자 하는 욕구 사이에 지속되는 상호작용 능력이다."(p. 208)

Chapter 3

모래와 모래상자

앞서 언급하였듯이, 모래상자치료를 위한 재료 선택은 치료양식의 중요한 측면이다. 소품에 대해서는 다음 장에서 살펴볼 것이다. 하지만 먼저, 모래상자의 기본적인 요소와 모래 그 자체에 대해 짧게나마 살펴보는 것은 중요하다. 또한 모래상자치료경험을 위한 물의 사용과 그 유용성에 대해서도 살펴본다. 나중에 논하겠지만, 모래 이외의 다른 물질들을 사용하는 일부 모래상자치료사들도 있다. 이러한 결정은 치료환경에 따라서 영향을 받을 수 있다. 여기서 우리는 모래 사용을 선호한다.

모래

모래는 매혹적이고 효과적인 모래상자치료 양식을 위한 기본 매체다. 이것은 지구상의 가장 단순하고 일반적인 것 중의 하나이며, 기본적인 원소 화합물이다. 모래상자치료의 기본으로서 모래를 사용하려는 선택은 우연이 아니며, 오히려 자연스러운 현상이다. 구약 성서에서는 “여호와 하나님이 흙으로 사람을 지으시고 그의 코에 생명을 불어 넣으사……."(창세기 2: 7)라고 하였다. 흙과 인간의 결합은 근원적인 것이다. 이것은 우연이 아닌 신의 섭리로 이루어진 청사진이다. 우리는 그 모래와 연결되기 때문에, 심리 내부에서는 영혼과의 연결됨을 느끼고 외부로는 천지창조와 연결되는 것을 느끼게 된다(Sweeney, 1999).

모래는 또한 역사를 상기시켜 준다. 모래 한 알은 현재 위치에 오기까지 수천 마일의 거리를 수천 시간에 걸친 긴 여행을 통해서 왔을 것이다. 지질학적으로 볼 때, "한 알의 모래는 돌이 침식될 때나 혹은 그것을 파묻었던 땅의 내부 변형에 의해서도 생기고, 근원지에서 침식되어 다른 장소로 이동하면서도 생겨난다."(Siever, 1988, p. 1)고 전하고 있다. 인간도 대부분 같은 경험을 해 왔다. 즉, 가족의 기원으로부터 혹은 다른 사회 환경 요인으로부터, 기술 · 정보 시대의 몰입에서, 그리고 위기와 정신적 외상에서 오는 강력한 힘은 모든 사람에게 영향을 준다. 모래알의 '내적인 왜곡된 변형'은 우리를 찾아온 내담자의 정신 내적 고통에 대해서 은유적으로 표현한 것이라고 할 수 있다. 모래 자체가 역사의 산물이며, 우리 또한 그러하다(Sweeney, 1999).

많은 요인이 관련되어 있지만, 모래상자치료가 강력한 영향을 끼치고 있는 것은 바로 모래의 이러한 핵심이자 본질적이면서 근본적인 요소 때문이다. 감정의 혼란감 문제를 배경으로 하는 치료과정은 단순히 모래를 사용하는 것에 의해서만 도움을 받는 것이 아니다. 모래 자체가 그 통로를 제공하는 것이다. Eichoff(1952)에 따르면, 모래는 "던져지고, 내팽개쳐지고, 주조되고, 파헤쳐지고, 매끄럽게 만져질 수 있기 때문에 감정이 표현될 수 있는 수단이며 이 과정을 거치면서 그 위에 구체적인 상징물이 놓일 수 있다……."(p. 235) 모래는 치료적 매체 이상이다. 그것은 우리 자신이 누구인지 그 핵심을 표현하는 수단이다. 실제로, Dora Kalff(1981)는 "모래를 갖고 노는 행위는 내담자가 그 자신의 전체성에 가장 가까이 다가가도록 한다."(p. vii)고 간결하게 말했다.

모래와 놀이는 서로 자연스럽게 연결된다. 아이들이나 어른들은 바닷가에서 모래성을 쌓으면서 기뻐하며 놀기도 하는데, 그것은 그들의 창의적 능력의 산물이면서 동시에 자신들을 표현한 것이라 할 수 있다. 동양 문화에서 모래는 종종 의식용으로 사용되어 왔다. 서양 문화에서도 '아이들의 눈에 모래를 뿌려서 졸리게 하여 잠들기를 도와주는 요정 샌드맨(잠 귀신)'과 같은 이야기가 있다. Mark Twain이 '주머니 속의 모래'에 관해 이야기한 것처럼, 모래는 용기나 담력과 동일시되어 왔다. 또한 시간의 경과를 표시하는 모래시계로도 사용되고 있다. 그러므로 모래는 근원적으로 치료적 우수성을 나타내는 고유한 특성을 갖추고 있다.

모래 유형과 대체물

모래상자에서 사용될 수 있는 모래는 다양한 종류가 있다. 일반적으로 주요 대형 도매점이나 건자재상에서 구입할 수 있는 놀이 모래를 사용하고 있다. 이 모래는 일반적으로 50파운드(1파운드는 약 453그램) 주머니에 들어 있으며, 물론 멸균되어 있고, 오돌토돌한 것이 섞여 있기도 하다. 해변에서 가져온 모래를 사용해도 좋지만, 오염 물질이 없다고 보증할 수 없다. 모래의 밀도는 치료사에 의해 결정되는데, 너무 분말에 가까워서 먼지와 알레르기 문제를 일으킬 수 있는 매우 미세한 모래나, 작은 자갈이 있거나, 너무 거친 모래는 좋지 않다.

일부 치료사는 색깔 모래도 사용하고 있다. 우리는 내담자가 모래상자치료사나 놀이치료사가 특별히 구입한 모래의 질감이나 색감을 즐기는 것을 발견하곤 한다. 그러나 한 가지 고려해야 할 사항은, 어떤 내담자는 단순히 흰색 또는 밝은 갈색의 것을 필요로 하고 있으며, 실제로 색깔을 입힌 모래는 이질감을 느끼게도 한다는 것이다. 만약 이런 경우라면, '정상적인' 색깔을 가진 모래로 대체해 사용하는 것이 좋다. 우리는 분명히 이런 치료양식으로 모래 사용을 지지하지만, 모래상자에 다른 재료의 사용을 지시해야 하는 상황에 놓일 수도 있다. 이때 우리는 치료사가 임상적 문제뿐만 아니라 전문적 · 재정적 관점까지 염두에 두고 최선을 다한 결정을 내리기를 권한다.

카펫이 깔린 방에서 모래상자치료를 하는 일부 치료사들은 흘러넘친 모래를 정리할 때 상당히 어렵다는 것을 깨닫는다. 그래서 종종 (발생하지만) 흘러넘칠 경우 청소하기 쉬운 쌀이나 옥수수 가루를 대안으로 사용하는 것을 보았다. 만약에 매우 어린 아이들이나 모래상자의 내용물을 먹을 가능성이 있는 정신적 장애를 가진 개인과 함께 작업한다면, 옥수수 가루는 안전한 대안이 될 수 있다. 그러나 이러한 식품 재료에는 제한이 있는데, 물은 분명히 재료를 범벅이 되게 할 것이므로 재료에 첨가할 수 없다. 또 고려해야 할 사안으로는 살균과 위생이 최대 관심사인 병원에서의 치료적인 셋팅인데, 살균할 수 있는 소형 유리알이나 플라스틱 구슬이 허용 가능한 대안이 될 수 있을 것이다. 모래는(또는 대체 물질은) 치료과정의 중요한 요소다. 평면 위에 소품을 배치하는 것은 치료적 효과를 최소화한다. 우리가 살펴보았듯이, 모래만으로 하는 단순 작업도 치료적 가치가 있다. 모래에 소품을 놓는 것뿐만 아니라 모래를 만지는 감각적 경험이 (사실상 감각적인) 내면의 심리적 문제를 해결하는 핵심이라고 할 수 있다.

모래상자

모래상자는 모래를 담기 위한 그릇 이상의 의미가 있다. 그것은 정신을 담는 그릇이기도 하다. Jung(1977)은 '신의 성역(*temenos*)'의 개념에 대해 이야기했다. 성역이란 제단이나 사원을 둘러싼 신성한 공간이라는 의미를 가진 그리스어다. Jung은 그 단어를 영혼이 만들어지는 사람의 깊은 내면의 공간을 묘사하는 단어로 사용하였다. 성역은 신성한 것과 불경스러운 것 사이의 영역(경계)을 말한다. Jung에게 있어 치료경험은 하나의 성역이다. 이것은 모래상자치료과정뿐만 아니라, 모래상자 자체로도 그러하다. 그 상자는 정신의 그릇이며, 불경한 것으로부터 분리된 신성한 곳, 즉 성역을 감싸고 있다. 따라서 상자의 선택이나 구성은 소품의 선택만큼 신중하고 의도적이어야 한다. 거기에는 다양한 것들이 있지만, 우리는 정상적으로 사용하는 것과 일반적인 지침에 관해 살펴본다.

우리는 표준 직사각형 상자를 사용하곤 하는데, 대략 30×20×3인치([그림 3-1] 참조)로 되어 있다. 전형적으로 나무나 플라스틱으로 만들어지며, 구입하거나 제작되기도 한다('부록 B' 참조). 상자 안쪽에는 바닥과 벽면에 푸른색이 칠해져 있는데, 바닥은 물을 연상하고 벽면은 하늘을 연상하기 위한 것이다. 모래는 상자 깊이의 절반 정도를 채울 필요가 있으며, 모래상자의 방수는 필수적이다. 정사각형, 원형, 팔각형처럼 다른 형태의 상자도 가능하기는 한데, 무엇보다 중요한 것은 전체 크기다. 마치 모래상자 소품 선택이 너무 크고 압도적이어서는 안 되는 것처럼, 모래상자는 심리적으로나 실질적으로 잘 다룰 수 있는 크기여야 한다. 여기서 가장 큰 문제는 눈과 머리를 움직이지 않고 시각적으로 표시나 작성의 모든 부분을 관찰하는 데 한눈에 확인할 수 있는 모래상자가 치료적으로 더 효과가 있다는 것이다. 이것은 내담자와 치료사 모두에게 중요하다. 일부 치료사들은 만다라(산스크리트어 단어의 의미 '원')의 창작을 위해 혼신을 다해서 둥근 상자 사용하기를 선호한다. 만다라는 어떤 영적인 설정에서 중요한 의미를 가지고 있다. Carl Jung은 만다라를 무의식의 자기표현으로 보았고, 그 원의 창조가 더 큰 전체성을 향해 움직일 수 있도록 돕는 것으로 보았다. 따라서 상자의 모양은 치료사의 이론적 방향이나 개인의 취향에 좌우될 수 있다. 둥근 상자는 전문 공급업체('부록 B' 참조)에서 구입할 수 있다. 또한 다양한 크기의 화분받침은 다양한 선택권을 제공한다([그림 3-2] 참조). 모래상자를 위한 기타 선택 사항은 수업의 경험으로 볼 때, 단위가 큰 집단 구성원들의 사용을 위해서는

그림 3-1 표준 크기의 모래상자

그림 3-2 화분받침으로 만든 모래상자

그림 3-3 일회용 상자로 만든 모래상자

레스토랑의 작은 일회용 상자 같은 것이 있다([그림 3-3] 참조). 또한 개별 상자를 원하는 대규모 집단 체험에는 좀 더 작은 화분받침 같은 것을 사용하곤 한다.

Kalff(1980)는 치료사가 만들어 내는 '자유롭고 보호된 공간'의 중요성에 대해 이야기하였다. 그것은 치료사의 행동과 예절뿐만 아니라 그릇의 크기와 구조에 의해 만들어진 경계에 의해서도 촉진된다고 하였다. 내담자가 세계나 그림 장면을 만들 때, 치료사와 내담자가 모두 포괄적인 관점으로 정신의 내용이 펼쳐지는 것을 고려하고 바라볼 수 있어야 한다. 또한 기록을 유지하거나, 상담 및 내담자와 함께 해결을 위한 상자의 사진을 찍어야 하기 때문에, 상자가 너무 크면 사진 기록의 질이 떨어진다.

상자의 크기와 모양에 대한 최종 의견을 정리하면 다음과 같다. 우리는 몇 가지 이유에 따라 일반적으로 유리한 표준 크기와 모양을 발견하였다. 표준보다 작은 상자는 너무 한정적이어서 내담자가 자기표현을 충분히 하는 것을 너무 제한하게 될지 모른다. 규격보다 큰 상자는 너무 광대해서 내담자의 정신을 압도할 수 있다. 직사각형 모양은 모래상자의 장면을 분할할 수 있도록 돕는다. 내담자는 가끔 문제를 분리하고 구분할 필요가 있다고 지적하곤 한다. 이와 대조적으로, 원형 상자는 필요한 경우 '숨거나' 구획화를 촉진하기 위한 모퉁이를 제공하지 못한다. 하지만 반대로, 원형 상자는 자기의 만다라상과 자기중심의 형성을 촉진할 수가 있다.

제작하는 모래상자는 비용이 많이 들고, 어떤 임상 상황에서는 다루기 힘들지도 모른다. 치료사에게 매개체를 위한 재료를 제공하는 것도 중요하지만, 치료사가 감당할 수 있는 (그리고 때때로, 움직일 수 있는) 임상 환경을 유지하는 것도 중요하다. 우리가 사용하는 대안적인 상자는 파란 뚜껑이 달린 깨끗한 플라스틱 스웨터 상자인데, 푸른 바닥을 만들기 위해 파란 뚜껑을 상자 바닥으로 깔 수도 있다.

또한 고려해야 할 중요 사안으로 모래상자 배치가 있다. 우리는 일반적으로 만들기 위해서 상자가 보통의 책상 높이가 되며 대부분의 사람에게 편안한 수준보다 높지 않을 것을 추천한다. 높이는 분명히 어린아이부터 성인까지 고려해야 하고, 내담자의 키도 반영해야 한다. 우리는 운반이 쉬운 휴대용 카트에 상자를 놓는 것을 선호한다. 게다가 자료들을 놓을 때 좀 더 융통성을 주는데, 휴대용 카트는 작업 장면에 대해서 심사숙고하거나 소품을 배치할 때 내담자가 상자를 끌고 걸어다닐 수 있게 한다.

그리고 상자 주변으로 몇 인치 정도의 사용 가능한 공간이 생기도록 상자를 놓는 것이 도움이 된다. 어떤 내담자는 상자 바깥으로 소품을 놓고 싶어 하거나, 상자의 바깥쪽에서 안쪽으로 걸쳐 놓고 싶어 한다. 이것은 내담자가 아직 다루지 못하거나 다루기를 희망하는 치료적 문제에 대한 반영일 수도 있고, 그렇지 않으면 내담자가 자신의 삶에서 원하지 않는 환경이나 사람을 고려하면서 만드는 영역의 사례일 수도 있다.

젖은 모래, 마른 모래 그리고 모래상자

가능하다면 두 개의 모래상자, 즉 젖은 모래상자와 마른 모래상자를 준비하기를 권한다. 물을 사용할 수 있는 경우에는 명확한 이점들이 있다. 그러나 만약 단 하나의 상자만 이용할 수 있을 때 물을 과도하게 사용하면 그 상자는 여러 날 동안 젖은 채로 남아 있어 다른 내담자가 사용할 수 없게 된다. 모래와 마찬가지로, 물은 정신과 접촉하는 독특한 감각적 · 운동감각적 특질을 가지고 있다. 물은 정화 및 재탄생 또는 압도됨과 죽음 그리고 은유를 상징할 수 있다. 아울러 물은 모래의 점성과 유연성을 변화시킨다. Margaret Lowenfeld(1967)는 다음과 같이 논평했다.

> 모래와 물은, 예컨대 터널을 만들거나 묻어 버리거나 또는 물에 빠뜨리거나 땅과 바다경치를 만들면서 다양한 환상들을 표현하도록 한다. 젖은 모래는 형태를 만들 수 있고, 마른 모래는 만지는 감촉을 느낄 수 있으며, 또한 촉각을 여러 번 실험하는 것은 단계적으로 물을 첨가하면서 할 수 있다. 젖은 모래를 다시 마르게 하고 또 젖은 상태로 환원할 수도 있으며, 그렇지 않으면 물을 더 첨가하여 질퍽한 상태로 되게 하고, 마른 땅이 완전히 사라져서 마침내 물바다가 되어 버리게도 한다(pp. 47-48).

이동식 카트에 마른 모래상자와 젖은 모래상자를 모두 놓을 수 있는 방법이 있는데, 마른 상자를 맨 위로 놓는 것이다. 두 번째 상자—젖은 상자—는 앞서 언급했던 깨끗한 플라스틱 스웨터 박스처럼 플라스틱 상자가 될 수 있다. 내담자가 젖은 모래상자를 사용하고 싶어 할 때는 카트 위에 있는 마른 상자 위나 안쪽이 적절할 것이며, 또 사용하지 않을 때는 선반 아래에 놓으면 된다.

한 상자만 사용할 수 있을 경우에는 내담자가 스프레이 물병을 사용하도록 조율해야 한다. 내담자는 최소한 모래를 조형할 수 있는 양만큼의 물을 사용하도록 해서 모래상자가 물에 흠뻑 젖지 않게 해야 다음 차례의 내담자가 마른 상자를 사용할 수 있다.

Chapter 4

소품: 선택과 배치

소품은 단어, 상징 그리고 내담자의 비언어적 의사소통에 관련한 은유라 할 수 있다. 내담자는 바로 이 소품을 이용해서 말로 하기에 너무 과도할 수도 있는 감정, 사고, 신념 그리고 욕망을 표현할 수 있다. 또한 모래상자를 사용하는 내담자의 경우에, 소품이 말로 나타내기 힘든 표현을 제공하는 상징과 은유가 되는 경우가 더 많다.

놀이치료에서, 우리는 장난감은 아이의 단어(말)이고 놀이는 아이의 언어라고 믿는다. 내담자에게 소품과 모래에 완성된 구성물을 사용하여 의사소통할 수 있도록 해 준다는 점에서, 모래상자도 이와 유사하다. 그래서 내담자에게 다양한 어휘를 제공해 주는 것은 매우 중요하다. 내담자가 필요할 수도 있는 모든 단어를 제공해 주는 것이 비합리적일 수도 있으나(우리의 언어적 치료 내담자가 사전의 단어들을 많이 활용하지 않는 경우와 마찬가지로), 모래상자치료사(sandtray therapist)가 다양한 기본 범주들로부터 몇 가지 선택을 제공하는 것은 필수다. Gisela Schubach De Domenico(1995)는 다음과 같이 적고 있다.

> Badenoch는 내담자의 "……인지적 방법보다는 본능적 방법으로 위안과 위로를 새롭게 표현하면서……모래와 자신이 선택한 상징과 대인 체계를 만들어 내는 능력"(2008, p. 236)이라고 하였다.

> 좋은 선택은 생명의 형상화를 활용하는 것이다. 여기서 생명이란 우주, 땅, 광물, 식물, 동물, 인간세계를 말한다. 당신이 아트 갤러리를 만들고 있는 것은 아니란 것을 명심하라. 또한 당신은 빈곤의 세계를 만들고 있는 것도 아니다. 그러므로 당신을 밀어내는 것, 자석처럼 당신을 끄는 것, 당신을 싫증나게 하는 것, 무미건조한(tasteless) 것, 무서운 것, 선한 것, 악한 것, 조화로운 것, 어리석은 것 등등을 포함시켜야 한다(p. 45).

전문 서적은 심리치료에서 내담자는 적어도 300개의 소품들을 사용할 수 있어야 한다고 제안한다. Ryce-Menuhin(1992)은 자신이 약 1,000개의 소품들을 가지고 있으며, 그 정도의 선택이 도움이 된다고 언급한다. 일단 소품 수집을 시작하면, 우리는 그 소품들을 어디서든지 보고 찾을 수 있다는 것을 알게 된다. 즉, 모든 회의나 여행, 거의 모든 외출 후에는 항상 새로운 수집품을 가지고 돌아오게 된다. 이는 해변으로 간 여행에서 가져온 조개껍데기가 될 수도 있고, 샌프란시스코에 있는 차이나타운 여행에서 가져온 잡동사니와 용(dragon)이 될 수도 있고, 디즈니랜드에서 가져온 요정이 사는 성이 될 수도 있고, 산책을 하다가 주운 독특한 돌이 될 수도 있으며, 현지 할인점에서 사온 해적선이 될 수도 있다. 이러한 소품 수집은 중독이 된다—물론 임상적으로 말하는 것은 아니다.

모래상자치료사가 가지고 있어야 하는 정확한 소품의 수는 정해져 있지 않다. 만약 당신이 일단 '중독'이 되면, 그 수집품의 규모가 커지는 것은 그리 어렵지 않다. 분명히, 한정된 수집품은 한정된 상징적 어휘를 의미하며, 내담자에게는 정서적으로 제한적일 수 있다. 너무 큰 수집품은 산만하게 될 수도 있으며, 내담자에게 정서적으로 압도될 수 있다.

선택을 위한 안내

소품을 선택하는 것에 관해서는 안내가 많지 않다. 몇몇은 상당히 상식적이며,

다른 몇몇은 재정적인 문제로 제한을 받는다. 동료들의 수집품을 보고, 회의 프레젠테이션에서 사진들을 관찰하고, 몇 안 되지만 전문적인 모래상자 판매인들의 브로셔에 있는 사진들을 보는 것은 초반의 생각과 아이디어를 확장시켜 준다.

다음은 소품 선택과 관련된 몇몇 제안이다.

1. 일반적으로 재료들은 말 그대로 소품이어야 한다.
2. 그러나 이것은 철도공사 모형이 아니며(비록 그 상점들이 귀중한 출처이기는 하지만), 소품은 다른 것과 꼭 비례가 맞아야 할 필요는 없다. 사실, 소품들이 비례가 맞지 않는 것이 더 유용할 때가 많다. 자신의 공포가 얼마나 위압적인가를 표현하고 싶어 하는 내담자는 모래상자에 12인치(약 30cm) 크기의 티라노사우루스 공룡을 갖다 놓을 수도 있다. 또 반대로 자신이 얼마나 초라하고 얼마나 무시당하는가를 전달하고 싶어 하는 내담자는 수집품에서 제일 작은 사람 인형을 사용할 수도 있다.

> 1. 소품
> 2. 비례가 맞지 않는
> 3. 지역적 특색을 지닌
> 4. 자연 재료
> 5. 주석

3. 사실, 우리는 몇 개의 소품이 아닌(nonminiature) 소품을 추천한다. 이는 실제보다 큰 거미, 실제 크기의 쥐, 그리고 큰(12~14인치) 뱀과 같은 포식 동물들일 수도 있다. 내담자가 신체적 또는 성적 학대를 경험했을 때, 가해자는 종종 모래놀이 상자 안에 있는 큰 포식 동물로 표현된다. 피해자와 가해자 사이의 힘의 차이는 이 큰 동물들로 적절하게 표현된다.
4. 소품들은 내담자의 세상을 표현할 수 있다.
   ① 다양한 집단의 가족 소품과 다양한 직업의 소품들은 다양한 인종을 반영해야 한다(특히 내담자를 대표하는 인종들).
   ② 식물(초목) 또한 당신의 나라의 위치를 표현할 수 있도록 선택될 수 있다. 텍사스와 사우스웨스트에서 우리는 선인장부터 야자나무까지 다양한 것들을 갖출 수 있다. 퍼시픽 노스웨스트는 더 많은 상록수들을 갖출 수 있다.

c. 집들 또한 단독 주택부터 아파트 빌딩까지 다양해진다. 어떤 건물은 지역적 특징을 지닌 건축 디자인을 가질 수 있다.

5. 소품은 다양한 재료로 만들어진다. 플라스틱은 내구성이 더 강하고 (일반적으로) 더 저렴한 재료들을 만든다. 당신의 초기 소품들의 대부분은 이러한 이유로 플라스틱 재질일 수 있다. 그러나 우리는 자연 재료가 치료에서 중요하다는 것을 알 수 있다. 우리는 자연 환경과 매우 멀리하는 경향이 있다. 나무, 광물, 바위 등과 같은 자연 재료로 만들어진(다듬어지거나 조각되거나 또는 원래의 형태로 된) 소품을 보고, 만지고, 경험하는 것은 내담자가 연결 관계를 회복하는 것을 도울 수 있다.

   사람, 마법사, 공주, 성, 기사, 괴물 석상 또는 그 무엇이 되었든지 간에 주석합금(pewter)으로 만들어진 소품들 또한 유용하다. 어떤 내담자들은 색이 없는 것을 선호하며, 또 다른 내담자들은 준귀금속(semiprecious metal)에 끌리는 경향이 있다. 주석합금이나 다른 금 또는 은 재료들을 살 수가 없는가? 주석, 은 또는 금색 페인트로 칠해진 재료들이 이러한 문제를 해결해 줄 수 있다. 재료들의 느낌이 다를 수도 있으나(무게나 촉감), 이것들은 여전히 시각적으로 보기 좋을 것이다. 종종 내담자는 주석만으로 만들어진 것을 이용함으로써 '상상의' 세상을 표현하기를 원할 것이다. 페인트는 큰 비용을 들이지 않고 이러한 옵션을 제공하는 한 방법이 된다.

범주

범주는 모래상자치료사가 다양한 소품을 선택하고 균형 잡힌 수집품을 갖추도록 돕는다. 초기에 모든 치료사들은 각 범주에 해당하는 몇 개의 소품들을 선택함으로써 수집을 시작한다. 선택된 재료들은 그 범주에서 되도록 많은 것을 대표해야 한다. 그런 다음, 치료사는 전체적인 수집품을 늘려 나갈 수 있다.

내담자가 특정 소품에 이끌리듯이, 모래상자치료사 또한 특정 형태의 범주에 끌릴 수 있다. 따라서 소품 세트를 균형 있게 늘려 나가는 것이 중요하다. 마치 모래상자에 만들어진 구성물이 그 내담자에 대해 많은 것을 말해 주는 것처럼, 우리는 때로 소품 수집품을 보기만 하는 것으로도 그 수집가에 대해서 많은 것을 알 수 있다고 생각했다. 잠시 이를 생각해 보자. 이런 생각이 선택에 도움을 줄 수도 있다. 분명한 것은, '당신에게 말을 하는' 소품을 구하는 것이다. 그러나 유용하며 균형 잡힌 세트를 위해서 다른 것들 또한 구해야 한다. 아무튼 만약 당신이 특별히 당신에게 말하는 또는 당신에게 소중한 소품을 획득한다면, 우리는 이를 모래상자치료 구색에 추가하지 말라고 제안한다. 그냥 이것들을 개인적인 상자에 보관하는 것이 더 좋을 것이다. 만약 당신이 좋아하는 소품이 부서졌거나, 도난당했거나, 또는 잘못 다루어진다면 당신은 화를 낼 것이고, 치료과정 또한 방해받을 수 있기 때문이다.

소품들을 적절히 배치할 때 범주 또한 유용해지는데, 이에 대해서는 나중에 더 논하기로 한다.

사람

다양한 종류의 사람 인형을 갖추는 것은 특히 유용하다.

- 가족 집단: 성인, 10대, 어린이, 아기 그리고 노인을 포함한다. 입양가정, 한부모 가정과 대가족 가구의 수를 감안한다면, 하나 이상의 가족이 필요하다. 다양한 인종의 소품 인형들이 중요한데, 이는 내담자를 반영해야 한다. 기어 다니고, 앉아 있고, 자고, 높은 의자에 앉아 있고, 유모차를 타고, 아기 침대에 누워 있는 등등의 아기처럼 많은 아기 인형들을 가지고 있는 것이 중요하다. 우리는 또한 전화통화를 하는 10대들(형상/인형)이 내담자(부모와 10대 모두)에 의해서 효율적으로 사용되는 것을 보아왔다. 노인 인형은 구하기가 어려울 수도 있으나 찾아볼 가치가 있다.
- 신랑과 신부: 많은 관계들이 파경을 맞고 결혼이 이혼으로 끝나기 때문에,

인형들이 서로 연결되어 있지 않는 것이 도움이 된다. 인형들은 같이 또는 따로 배치될 수 있다. 별거와 이혼 문제를 다루는 내담자에게는 특히 이러한 것이 유용하다.

- 직업과 관련된 것들: 다양한 직업과 직종의 옷을 입은 다양한 사람 소품들이 될 수 있다. 이는 기술자, 의사, 간호사, 구조대원, 경찰, 소방관, 사무원, 목사, 선원, 군인 등이 될 수 있다. 내담자는 종종 필요로 하는 구원자를 표현하기 위해 의사, 응급구조대원 그리고 소방관과 같은 '조력자(helper)'를 이용한다. 이혼이나 양육권 재판에 관련된 내담자에게는 판사가 유용하다. 또한 위탁 보호를 받는 아동은 종종 '판사'가 자신의 삶을 통제하고 있다는 것을 인지하고 있다. 가능한 한 남성과 여성 판사 모두를 갖추어라.
- 취미: 우리는 9~11세의 아동이 잔디 깎는 기계를 미는 남자와 정원을 돌보는 여자, 이 두 개의 소품(형상)을 광범위하게 사용한다는 것을 발견했다. 다른 활동에 연관된 사람들 또한 있을 수 있다.
- 스포츠: 농구, 미식축구, 축구, 스키, 테니스, 자전거와 같은 스포츠를 하는 남성과 여성 소품들이다. 다시 한 번 말하지만, 초기 세트는 그들의 지역에 속하는 것을 갖출 수도 있다. 예를 들면, 미국 댈러스에서는 카우보이(미식축구 선수들)가 필수품이다. 만약 당신의 상담실에 아동이나 10대들이 있다면, 당신은 농구와 축구 소품들을 갖추길 원할 수도 있다.
- 성장 단계 소품: 졸업생, 성인식을 치른 소년/소녀, 임산부, 부모(아기나 아이를 안고 있는 성인 소품), 공식적인 드레스(졸업이나 결혼식 참석자, 데뷔 무대, 열다섯 살 생일파티 등) 등이다. 남성과 여성 각각의 소품 준비가 필요하다는 것을 명심하라.
- 역사적인 소품: 이는 많은 집단의 사람 소품들을 갖출 수 있는 기회를 제공한다. 왕, 여왕, 기사, 원시인 남녀, 군인 영웅, 군인들, 카우보이와 인디언, 우주인, 해적, 기사와 기타 중세 캐릭터 등이다. 만약 우리가 증오, 악과 편견을 대표할 수 있는 역사적 독재자들의 소품을 찾을 수 있다면, 이것들을 포함할 수 있다.

동물

- 선사시대: 공룡은 필수적인데, 특히 아이들과 함께할 때가 그렇다.
- 동물원/야생: 이 범주는 우리가 동물원에서 볼 수 있는 모든 것을 포함한다. 코끼리, 기린, 호랑이, 사자, 곰(갈색곰, 북극곰, 코알라), 펭귄, 버팔로, 무스, 고릴라, 하마, 원숭이, 악어, 뱀(똬리를 틀고 있는 것과 그렇지 않은 것 모두)
- 농장/가축: 소, 말, 양, 염소, 닭, 오리, 개, 고양이와 같은 것들. 많은 말들을 갖추어라. 청소년기 전의 여자아이들은 말을 많이 사용하는 경향이 있다.
- 새: 앵무새, 독수리, 황새, 공작, 홍학, 올빼미, 갈매기, 새 둥지
- 곤충: 거미, 파리, 바퀴벌레, 애벌레
- 바다 생물: 고래, 돌고래, 상어, 문어, 다양한 작은 물고기들, 조개, 가재

건물

- 집: 단독 주택, 아파트, 단순한 오두막, 화려한 오두막, 통나무집, 토담집, 불타버린 집, 부서진 집
- 상가/공공건물: 학교, 소방서, 교회, 사무실, 차고, 구치소/교도소, 주유소, 등대, 병원
- 종교: 교회, 탑, 사찰, 모스크(이슬람사원)
- 역사: 성, 요새, 인디언 천막집(우리는 상당한 의미를 지니는 세계무역센터 쌍둥이 빌딩 소품을 가지고 있다)

교통

- 자동차: 전형적인 가족 차량, 미니밴, SUV, 경찰차, 스포츠카, 고물차, 리무진, 경주용 차량, 택시
- 트럭: 군용 트럭, 농장 트럭, 응급차, 구급차, 구조 차량, 덤프트럭, 불도저,

버스(학교/고속버스 같은), 소방차

- 비행 수단: 비행기, 군용 비행기, 헬리콥터, 제트기, 우주왕복선, 우주로켓, 우주선
- 해양: 낚시 보트, 요트, 카누, 고무 배, 해양 정기선, 군용 상륙용 주정, 잠수함, 젓는 배
- 기타: 오토바이, 자전거, 기차, 마차, 신데렐라 마차

식물

- 나무: 소나무, 잎이 있는 나무, 잎이 없는 나무, 단풍이 든 나무, 야자수, 크리스마스 트리
- 기타: 잡목, 울타리, 선인장, 꽃

울타리/문/표지판

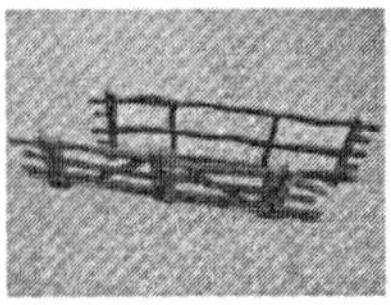

- 울타리, 울타리, 더 많은 울타리!: 내담자는 많은 울타리 작업을 하는 경향이 있다. 그러므로 최대한 많은 울타리를 갖추어라. 때로 울타리는 군인과 군인 트럭, 농장 그리고 동물원 동물들과 같은 다른 재료와 같이 나온다. 이것들은 Snow Village®나 The Dickens Village® 같은 소품이나 인형의 집을 판매하는 곳에서 찾아볼 수 있다. 나무 울타리, 모형 돌 울타리, 정교하게 작업된 철 울타리 등을 찾을 수도 있다. 진짜 실제 가시나무(bramble), 가시와 같은 것들이 훌륭한 울타리를 만들 수 있게 해 준다.
- 문: 단순한 말뚝 울타리, 정교하게 작업된 철제, 아치, 장식용 문(일본 신사의 도리이(Torii)와 같은)
- 바리케이드: 건설현장 바리케이드, 군사 바리케이드, 교통 바리케이드
- 표지판: 교통 표지판(정지, 양보, 방향, 학교 앞 횡단보도, 원뿔 모양의 교통 표지물 등등), 공항 표지판, 도로 표지판

■ 기타: 철로

자연 재료

■ 바다 조개: 크고, 작고, 완전한, 깨진, 예쁜, 못생긴, 껍질 모양의 따개비들
■ 식물: 건조된 꼬투리, 건조된 꽃, 재미있게 생긴 큰 가지와 작은 가지들, 가시나무
■ 바위(돌): 색이 화사한, 재미있게 생긴, 화석, 광물(황철광, 정동석, 석영, 크리스탈 등)

상상의 물건들

■ 마법: 마법사, 마녀, 가마솥, 소원을 들어주는 우물, 대모 요정, 요정, 좋은/나쁜 마녀, 오즈의 마법사 캐릭터, 반지의 제왕 캐릭터, 스타워즈 소품
■ 마법 동물: 용, 유니콘, 페가수스(날개가 달린 말), 켄타우로스, 괴물 석상, 스핑크스
■ 몬스터: 프랑켄슈타인, 메두사, 늑대인간, 외눈괴물, 뱀파이어, 머리가 두 개인 괴물, 반인반수
■ 민속: 백설 공주, 산타클로스, 인어
■ 만화 캐릭터: Disney® 만화에서 나오는 소품들(미키/미니 마우스, 구피, 도날드덕), 슈렉, 심슨, 베티붑
■ 영화 캐릭터: 디즈니 사의 알라딘, 인어공주, 포카혼타스와 같은 최근의 애니메이션 영화와 오즈의 마법사, 신데렐라의 주요 캐릭터들. 예를 들면, 알라딘의 나는 양탄자, 오즈의 마법사의 빨간 구두 등. 이런 것들 중 몇몇은 패스트푸드 식당의 어린이 메뉴에서 찾을 수 있다. 만약 당신이 어린이 메뉴를 먹지 않더라도, 몇몇 곳에서는 '그 주간의 장난감'을 살 수도 있다.
■ 기타: 고스트, 유령, 키 작은 요정, 난쟁이, 거인, 해골

영적인-신비한(재료들)

- 서구 종교: 목사, 성직자, 랍비, 십자가, 다윗의 별, (예수가 탄생한) 여물통, 그리스도 성탄화, 천사, 성경, 토라(율법)
- 기타/종교 집단: 불교, 죽은 해골의 날, 공자
- 신비한: 마법 또는 크리스탈 구슬, 크리스탈, 금, 거울, 성배, 피라미드, 괴물 석상, 그리스신화에 나오는 신들
- 기타: 비너스, 나일강 여신, 칼리 여신, 시바, 크리슈나(힌두교), 이시스(이집트 풍요의 여신)

풍경과 기타 장식품들

- 하늘, 천체: 태양, 달, 별, 구름, 비, 무지개, 지구. 샌안토니오의 라틴 아메리카계 상점에서 구입한 얼굴 모습의 도자기 태양은 사람들이 좋아하는 재료다. 이것이 세트에 추가되자마자, 모든 내담자가 이것을 사용하는 것 같다. 우리는 모래상자 장면에서 6~8인치 플라스틱 막대 끝에 붙인 천체 모양(마치 하늘에 있는 것 같은 분위기를 만들어 준다)도 있다.
- 지형: 동굴, 터널, 산악, 호수, 화산, 불(불꽃, 모닥불, 요리용 불 세트). 철도 모형물 상점들은 이러한 것들을 구할 수 있는 장소이며, 찰흙으로 만든 수공예품이나 도자기도 있다. 내담자는 종종 모래에 작고 둥근 거울을 놓고 '호수'를 만든다.
- 기념물: 자유의 여신상, 에펠탑
- 기타: 소원을 비는 우물, 보물 상자, 보물(보석, 금화, 진주, 유리 방울, 구슬), 관, 묘비, 다리, 깃발, 대포, 눈사람

가정용품

- 가구: 특정한 방에서 볼 수 있는 가구(침실, 욕실, 거실, 부엌, TV, 흔들의자, 유모차)
- 도구: 사다리, 외바퀴 손수레, 삽, 쇠스랑, 갈퀴
- 기타: 접시, 식기, 맥주잔, 와인잔, 쓰레기통, 파티 재료(케이크 장식품, 풍선, 선물상자), 음식, 과일, 식기, 우편함, 들통, 전화, 바람개비, 벤치

기타 여러 용품

- 의료용품: 만성 질병이나 큰 병을 경험한 내담자에게 이러한 것은 매우 중요하다. Playmobile® 제품은 우리가 사용하고 있는 훌륭한 소품 수술실을 제공한다. 우리는 또한 실제 크기의 주사기(바늘은 제외하고)와 실제 약 캡슐(내담자가 충동적으로 입에서 터뜨릴 경우를 대비해서 약물은 제거하고 설탕과 같은 물질로 대체한다)을 사용해 오고 있다.
- 마약/술: 이는 약물 중독을 이겨 냈거나 현재 약물 중독을 겪고 있는 사람에게 중요할 수 있다. 대부분의 취미 상점들은 미니어처 와인병과 맥주캔을 갖추고 있다. 우리는 비행기에서 구입할 수 있는 작은 술병을 이용하는 한 동료를 알고 있다. 또한 플라스틱 마리화나 잎, 물 담뱃대, 담배, 주사기도 있다.
- 뒤집개/빗: 몇몇 내담자는 자신의 손가락으로 모래 만지기를 원하지 않기 때문에 모래를 여기저기로 이동시킬 도구가 필요하다. 또 어떤 내담자는 자신의 예술적이고 창의적인 표현을 더 하기 위한 수단으로 도구를 사용하는 것을 즐긴다. 이러한 목적으로 몇 가지 도구를 갖추는 것이 유용할 수 있다.

소품 배치

소품 보관과 전시는 둘 다 중요한 문제다. 많은 옵션들이 있을 수 있는데, 이는 사용 가능한 공간, 그 공간이 어떻게 이용되는지, 그리고 당신이 모래상자를 사용할 계획이 어떤 것인가에 따라 달라진다. 보관 방법은, 소품이 내담자에게 제시되는 방법이 될 수도 있고 그렇지 않을 수도 있다. 다음은 몇 가지 예들을 제시한다.

보관을 하는 것이든 공개 전시든 간에, 소품은 범주별로 보관되어야 한다. 그리고 이 범주들은 항상 동일한 장소에 있어야 한다. 만약 당신이 선반을 사용한다면, 하나의 재료 범주는 모든 회기 동안 같은 선반의 같은 장소에 있어야 한다. 또는 만약 소품들이 상자나 바구니에 놓인다면, 매번 같은 범주의 재료들이 같은 장소에 있도록 배치되어야 한다.

여기에는 몇 가지 이유가 있다. 가장 중요한 것은 치료가 진행되는 동안 일관성을 유지해야 하기 때문이다. 일관성은 예측 가능성을 촉진하는데, 이것이 안전성 또한 촉진하기 때문이다. 범주를 같은 장소에 보관하는 것은 회기가 진행되는 동안 내담자로 하여금 자신이 사용하기를 원하는 재료를 찾기 쉽게 해 준다. 상담실의 일관성은 자신의 삶에서 상당한 혼돈을 겪은 내담자에게 특히 중요하다. 재료를 범주별로 보관하는 또 다른 이유는, 심리적으로 허약한 내담자를 위해서다. 예를 들면, 작은 토끼를 이용하기를 원하는 모래상자치료 내담자는, 만약 토끼가 위압적인 공룡의 발 아래에 놓여 있다면 정서적으로 약한 내담자가 그 토끼를 꺼내기가 쉽지 않을 수도 있기 때문이다.

또한 범주별로 정리한 일관적인 배치는 치료사로 하여금 내담자와 소품 간의 상호작용에 관한 치료사의 철학적 견해와 일치하는 순서대로 범주를 배열하도록 해 준다. 예를 들면, 우리는 중요한 주제별, 용도별로 소품이 배열되어야 한다고 믿는다. 그래서 소품들은 주제별 연속선상에 위치한다. 영적인 그리고 신비로운 재료들은 맨 위 선반에 놓인다. 우리는 그 선반에서 왼쪽에 긍정적이거나 '선한' 것들을 우선 배치하고, 그다음 중앙에는 좀 더 중성적인 재료를, 그리고 마지막으로 오른쪽에는 '악한' 또는 부정적인 재료를 배치할 수 있다.

사람은 다음 선반에 있다. 다시 한 번 말하지만, 우리는 재료들이 일반적으로 어떻게 사용되는가에 따라 선반에 배치한다. 의사, 구조요원, 경찰, 소방관과 같이 더 강력하거나 공격적인 사람들은 맨 오른쪽에 배치될 것이다. 만약 취미가 사냥이라면, 이는 오른쪽으로 갈 것이다. 한편 정원 가꾸기는 중성적이어서 중앙 가까이에 있을 것이다.

집에서 사용하는 재료가 그다음에 온다. 우리는 이것이 논리적인 배열이라고 생각한다. 사람이 먼저, 그다음에 사람이 사용할 수 있는 것이 나중에 배열된다. 선반의 크기에 따라, 인형놀이 가구부터 잡동사니 물건까지 이러한 재료들은 하나의 선반에 배열될 수 있다. 이 재료들의 대부분은 중성적이라서 어디든 놓일 수 있다. 우리는 맥주병과 와인병을 오른쪽에 놓을 수 있다.

건물이 다음에 올 수 있다. 집은 왼쪽, 감옥과 요새는 오른쪽에, 그리고 다른 구조물은 그 사이에 놓일 수 있다. 다음은 식물(초목)이다. 만약 다양한 형태의 나무들이 충분히 있다면, 봄부터 겨울까지 계절별로 배열하라.

다음에는 풍경과 기타 장식품들이, 그다음에는 자연 재료들이 배치된다.

동물이 그다음에 올 수 있다. 동물은 종종 가장 많은 재료들로 구성된 범주가 된다. 가축이나 길들여진 동물을 왼쪽에 놓고, 오른쪽에는 사자, 호랑이, 공룡과 같은 공격적인 동물을 놓는다. 공격적이지 않은 기타의 동물원 동물은 중앙에 놓고, 그다음에 울타리와 표지판을 놓는다. 그리고 자동차, 상상의 물건들, 만화, 영화와 관련된 것들을 놓는다. 이제 당신은 구상을 갖추게 된 것이다. 우리는 몇몇 내담자들은 처음에 강력하고 공격적인 재료들을 사용하기를 원한다는 것을 알았다. 또 다른 내담자들은 처음에 안전하고 중성적인 재료만을 사용하기를 원한다. 이러한 연속적인 구성은 내담자에게 원하는 재료를 쉽게 찾을 수 있도록 해준다. 이용 가능한 재료들의 수와 공간에 따라 이러한 배치는 다양해질 수 있다.

이러한 범주화의 또 다른 장점은, 이것이 모래상자치료사가 한 범주에 대해서 자신이 너무 많거나 혹은 너무 적은 재료를 갖추고 있다는 것을 알게 해 준다는 것이다.

만약 소품이 사용 중간에 보관된다면, 일관적인 배치는 준비 시간과 정리 시간을 절약해 줄 수 있다. 상담사는 재료들을 분류하고 또다시 분류할 필요가 없다. 상담사는 매우 빠르게 이를 수행할 수 있다.

개방 선반식 배치

개방된 선반을 이용한 배치는 최적의 선택이다([그림 4-1] 참고). 이러한 배치는 모든 소품들이 개방되어 진열되게 해 준다. 내담자는 이용 가능한 소품들을 쉽게 볼 수 있다. 또한 장난감처럼 보이는 소품들이 꽉 들어찬 벽은 아동에게 안정감을 준다. 이는 "이곳은 아이들을 위한 장소야."라는 뜻을 분명히 전달한다. 성인도 종종 호기심을 보이고 재료에 끌리게 되는데, 이들 중 많은 것들이 내담자의 현재 상황을 상징적으로 보여 주며, 또는 아동기의 추억을 불러일으킨다. 또한 소품은 에너지, 창의력 그리고 자발성이라는 정서를 전달한다. De Domenico(1995)는 다음과 같이 지적한다.

> 나는 개방 선반식 배치가 각자의 마음에 내재된 창의적 에너지와 외향적(out-world directed) 에너지를 불러일으킨다고 생각한다. 모래상자치료사는 아름답게 꾸며진 모래상자 전시를 통해 이 치유의 장소에서 모든 이들의 창의적 에너지와 자기치유 에너지가 환영받고 있으며 존중된다는 메시지를 전달한다(p. 73).

개방된 선반을 이용한 진열을 사용하는 또 다른 이유는, 정서적으로 불안정한 내담자를 위한 것이다. 이러한 내담자는 소품이 담겨 있는 서랍이나 바구니를 쉽게 뒤지지 못하는 경향이 있다. 그래서 우리는 매체(media) 또는 앞서 언급한 배치가 내담자의 작업에 방해가 되어서는 안 된다고 굳게 믿고 있다.

모든 소품은 서 있어야 하며, 선반에 그냥 던져져 있는 것이 아니므로, 개방 선반식 배치는 정리하고 청소하는 데 시간이 많이 걸린다. 그러나 우리는 그러한 시간과 노력이 가치 있다고 믿는다.

다양한 내담자들을 대상으로 몇 명의 임상치료사들이 방을 공유하는 환경에서는 어떤 형태의 문을 필요로 하는데, 안전유리(Plexiglas) 문이 효율적으로 사용되고 있다. 재료들은 그대로 들여다볼 수 있고 안전하게 보관된다. 아니면, 문들(또는 불투명한 커튼)은 오직 모래상자치료 경험을 위해서만 수집품에 접근 가능하도록 해 준다. 언어적 또는 다른 형태의 치료가 계획된 내담자에 대해서, 수집소품이 주는 산만함은 피해야 한다. 예를 들면, 학교 상담사는 종종 회기 사이에 소품들이 보이지 않기를 원한다. 우리는 문이 달린 캐비닛을 이용해 왔다. 문을 열어 두면, 개방 선반식 배치를 갖추게 된다. 그러나 보관 캐비닛은 안이 어두울 수 있다는 것을 깨달았다. 우리는 문이 열려 있을 때, 문에 조명을 달아서 이러한 문제를 방지한다(집게로 고정시키는 저렴한 책상 조명이 좋다). 사실, 몇몇 내담

그림 4-1 개방 선반식 수집품

자들은 이러한 장치가 특별한 경험에 '들어가는' 것을 강조한다고 생각하였다.

한 동료는 방 한쪽에 마룻바닥부터 천장까지 12인치 깊이의 선반들을 만들었다. 선반들은 훌륭한 수집 소품들로 가득 차 있다. 선반들은 벽과 천장처럼 똑같이 하얀색인데, 이는 소품을 눈에 띄게 만들어 준다. 또한 책장은 방을 구별해 주는 역할을 하며, 훨씬 더 많은 소품들을 수용한다. 두 개의 모래상자와 천을 씌운 두 개의 의자가 모래상자치료 공간을 완성해 준다. 이는 매우 매력적이고 따뜻하게 보이도록 해 준다. 그러나 위쪽 선반에 접근하는 것이 어렵기는 하다.

우리가 본 또 다른 개방식 선반은 상담실에 부착된 수납장이었다. 수납장의 세 면에 위부터 바닥까지 모두 좁은 선반을 걸었다. 내담자는 그저 수납장과 모래상자 사이를 이동하면 된다. 여러 명의 임상치료사들이 다양한 용도로 사용하는 상담실이라면 이러한 배치가 좋을 것이다.

바구니

몇몇 치료사들은 개방 선반식 배치를 할 수 없다. 그래서 많은 치료사들은 바구니를 이용하는데, 특히 각 범주마다 하나의 바구니를 사용한다. 또 다른 방법으로는, 약한 재료들은 한정된 선반 공간을 이용하고, 나머지 소품들은 바구니에 두는 것이다.

비록 자신이 원하는 것을 찾기 위해서 동물들로 가득 찬 바구니를 뒤지는 일이 더 어렵기는 하지만, 바구니는 대체로 잘 활용된다. 이러한 체계를 활용하는 치료사들로부터 여러 가지 보고를 듣는다. 몇몇은 내담자가 소품을 자유롭게 활용한다고 하며, 몇몇은 바구니 안에 있는 재료들은 선반에 놓여 있는 재료들만큼 많이 이용되지 않는다고 믿는다.

다시 말하지만, 바구니를 활용할 때 내담자가 필요한 것을 쉽게 찾을 수 있도록 동일한 순서나 동일한 배치로 바구니를 일관적으로 배열하는 것이 중요하다. 예를 들면, 야생 동물과 가축/농장 동물을 담기 위해 바구니를 따로따로 사용할 수 있다. 이는 내담자가 장난감 그리고 소품과 상호작용하는 방식을 바라보는 철학적 견해와 연관된다.

상자를 사용하는 이동 가능한 세트

어떤 개인에게는 이동 가능한 소품 세트가 필요하다. 몇몇 학교 상담사들은 학교들을 옮겨 다니며, 또 몇몇은 가정 방문(in-home) 치료를 제공한다. 대학 실습 상담실에 있는 학생들은 여러 개의 임상치료실에서 모래상자를 이용할 수 있는 융통성이 필요하다. 우리는 낚시 도구가 아주 적합하다는 것을 발견했다. 다양한 크기로 이용 가능하기 때문에, 하나의 상자에 하나 이상의 범주를 넣을 수 있다. 낚시 도구 상자는 움직일 수 있는 수직 칸막이가 크고 작은 구획을 가

그림 4-2 상자 수집품

능하게 하기 때문에 융통성이 있다([그림 4-2] 참조).

회기를 시작할 때, 범주는 표준 방식으로 쉽게 배열될 수 있다. 작은 공간에서 쉽게 설치되도록 뚜껑이 쉽게 열린다. 이는 몇몇 소품을 세워 놓을 수 있어서 좋으며, 몇몇 소품들은 탁자나 마루 위에 상자 밖으로 놓기에 좋다. 이는 내담자가 좀 더 쉽게 볼 수 있게 해 준다. 우리는 보기 좋게 배열하는 것이 중요하다고 생각한다. 이는 이 장소가 내담자 자신을 위한 공간이며, 또한 그들의 작업이 존중된다는 메시지를 전달한다.

이동 가능한 모래상자 세트는 바퀴 달린 여행 가방에 넣어 자동차나 비행기에 실어 나를 수 있다. 또한 이 상자는 선반이나 바퀴 달린 카트, 모래상자 위에 잘 놓을 수 있어서, 건물이나 상담실 여기저기로 쉽게 이동할 수 있다. 상자를 닫으면 이들은 안전하게 유지된다.

소품을 구할 수 있는 곳

앞서 언급했듯이, 잠깐만 시간을 내면 우리가 가는 모든 곳에서 소품을 찾을 수 있다! 그러나 종종 지나치기 쉬운 초기 출처들은 자녀가 더 이상 사용하지 않는 장난감을 가지고 있는 친구, 창고 세일, 재고정리가 있다. 만약 당신이 학교에 있다면, 교사 및 교직원에게 당신이 무엇이 필요한지 알리고 그것을 기부해 줄 것을 부탁하라. 그 밖의 출처들은 다음과 같다.

- 수공예 잡동사니 상점
- 철도 모형물 상점
- 케이크 장식용품 공급처
- 장난감 가게
- 자연물품 센터
- 선물용품점

- 수족관 용품점
- 놀이치료와 모래치료 회의에 참석한 판매상들

'부록 B'에서는 일반적인, 그리고 좀 더 특이하거나 쉽게 구하기 어려운 소품들을 전문으로 하는 판매상 목록을 제공한다.

초기 소품 세트

초기 단계 또는 기본적인 소품 세트를 구하는 것은 힘들고 비용이 많이 드는 과제처럼 보인다. 그러나 우리는 소품 세트를 처음으로 구성하는 사람에게 기본적이지만 광범위한 수집품을 갖추도록 추천한다. 다음은 쉽고 빠른 시작을 위한 몇 가지 조언이다.

- 장난감 세트: 몇몇 장난감 상점들은 몇 가지 범주에 대한 다양한 재료를 제공하는 완벽한 세트를 판매한다. 예를 들면, 최근에 45개의 재료가 있는 자동차 세트를 구매하였다. 이는 많은 다양한 자동차와 트럭, 두 개의 헬리콥터, 오토바이, 바리케이드, 거리 표지판, 원뿔 모양의 교통 표지물, 소방관 및 경찰관을 포함하고 있었다. 장난감 할인점에서 구매했는데, 가격이 8.85달러밖에 안 되었다. 농장 세트도 비슷하게 구매했다(동물, 울타리, 헛간, 농장 종사자들, 트랙터, 수레, 나무). 동물원 세트도 마찬가지다(홍학을 포함한 많은 동물들, 울타리, 새장(종종 감옥으로 사용됨), 동물원 종사자들, 나무, 식물, 연못, 건물). 분명히, 몇 가지 범주들로 구성된 수집품으로 시작하는 것은 좋은 방법이다.
- 장난감 주머니: 작은 군인들 주머니는 종종 탱크, 지프차, 군용 비행기를 포함하고 있다. 카우보이와 인디언 주머니는 말, 인디언 천막집, 토템기둥(장승), 카누, 몇 개의 마차를 갖추고 있다. 흔히 찾아볼 수 있는 세 번째 수집

품 품목은 우주비행사, 로켓, 왕복선 그리고 성조기다. 이러한 주머니들은 몇 개의 범주를 포함하고 있으며, 이는 다양하며 처음 시작하기에 적합한 수의 사람들을 포함하고 있다(약간의 아기와 가족들만 추가되면 된다). 몇 달러 정도의 쇼핑으로 곤충, 작은 뱀, 개구리, 도마뱀도 각각 5개 정도를 구할 수 있다. 공룡, 말, 동물원 동물, 돌고래, 물고기 등의 주머니는 쉽게 찾을 수 있다. 대개 조그만 주머니라도 초기 세트로 충분한 재료들을 제공한다. 이러한 주머니들은 식료품점 또는 장난감 가게들에 있는 장난감 코너에서 찾아볼 수 있다. 이 주머니들은 대개 몇 달러면 된다. 다음의 재료들 또한 종종 비슷한 장소에서 찾아볼 수 있다.

더 많은 독특한 재료들을 구하기 위해서는, 파티용품점의 케이크 장식코너나 공예 예술품 상점으로 가면 된다. 이곳들은 다음과 같은 재료를 구할 수 있다.

- 아기, 유아용 높은 의자, 유모차
- 신랑, 신부, 하객
- 졸업생, 성인식을 치른 소년/소녀
- 모형 풍선 부케, 선물 상자들
- 와인병과 술병

계절 장식 재료들은 다음에서 구하기 쉽다.

- 핼러윈: 마녀, 유령, 큰 냄비, 비석, 관
- 크리스마스: 천사, 예수 탄생화 세트(낙타, 양, 모닥불, 마구간, 천사, 마리아와 갓난아기, 요셉, 양치기, 선지자 등을 포함하는 것은 상당히 정교하거나 광범위한 작업이 될 수 있다)
- 크리스마스 때 작은 집, 나무 그리고 다양한 울타리를 구하기 쉽다(말뚝 울타리, 돌 울타리, 철제 울타리 등). 문이 있는 다양한 울타리를 구할 수 있는 때

가 크리스마스 때다. 그렇지 않으면 문은 구하기가 어렵다.

다리들은 매우 중요하다! 상점의 수족관 코너는 다리를 구할 수 있는 가장 쉬운 장소다. 더 정교한 (그리고 더 비싼) 다리들은 철도 모형 상점에서 구할 수 있다. 철도 모형 상점은 나무, 바위, 동굴, 터널 등과 같은 다양한 지형물을 구하기에 좋으며, 집과 다양한 건물들 또한 쉽게 찾아볼 수 있다.

기본적인 모래상자 소품 세트 체크리스트

- 사람
  - 2개 이상의 가족들
  - 아기들 4개(가능하다면 다양한 자세)
  - 신랑, 신부
  - 직업(경찰관, 소방관, 건축 종사자들 등)
  - 군인 16개 정도
  - 우주비행사 또는 기사
- 동물
  - 공룡 4개
  - 동물원: 사자, 기린, 얼룩말, 코끼리 6~8개
  - 가축: 소, 말, 양, 6~8개
    (10대 이전의 아동과 작업한다면 6~8개의 말)
  - 곤충, 거미, 뱀
  - 바다 동물들
- 식물
  - 나무 4~6개
- 건물
  - 집 2개
  - 학교(특히 아동과 작업할 때)
  - 등대
- 자연 재료
  - 바다 조개 6~10개
  - 식물, 가지
  - 자연의 또는 다듬은 돌멩이 5~6개
  - 황동광
  - 크리스탈
- 상상의 물건들
  - 마법사
  - 대모 요정
  - 용 2개
  - 괴물 4~6개
  - 만화 소품 4개
  - 우주 외계인
- 영적인/신비한
  - 천사
  - 십자가
  - 부처
  - 성모 마리아
  - 작은 거울들
- 풍경과 기타 장식품들
  - 소원을 비는 우물

- 성, 요새 또는 인디언 천막집

• 교통
- 자동차 4개
- 트럭 2개
- 비행기 1개
- 보트 1개
- 헬리콥터 1개(몇몇은 구조 차량이어야 함)

• 울타리와 표지판
- 울타리 약 36인치
- 교통 표지판
- 바리케이드

- 다리
- 보물상자
- 보물
- 대포
- 깃발

• 가정용품
- 가구
- 도구
- 맥주병과 와인병
- 휴지통
- 우편함
- 바람개비
- 음식

Chapter 5

모래상자치료 회기를 위한 프로토콜

모래상자는 개인 회기, 합동(joint)이나 집단 회기 그리고 가족 회기에서 사용될 수 있다. 치료적 개입 기법과 함께 사용되는 모래상자는 의도적이어야 하며, 목적이 있어야 한다. 그래서 모래상자 회기를 시작하기 전에 당신은 이 특정한 시기에 이 특정한 내담자에게 모래상자를 사용하는 목적에 관하여 반드시 명확해야 한다.

고려해야 할 내담자 문제들

몇 살의 내담자에게 모래상자가 적합한가?

모래상자 기법은 폭넓은 연령층에 도움이 될 수 있다. 그러나 발달단계를 고려해야 하며, 이 발달단계는 매체가 이용되는 방식에 영향을 미칠 것이다.

■ 어린아이는 일반적으로 소품과 모래상자를 지속적인(계속 진행되는) 놀이

경험으로 이용한다. 사실, 이는 소품을 가지고 하는 놀이치료처럼 보일 수도 있다. 치료사는 놀이치료에서처럼 언어적 읽어 주기(verbal tracking)를 할 수도 있다.

- 연령이 높은 아동은 모래상자에서 한 장면을 만들어 내기 위해 놀이하고 싶은 충동을 충분히 지연시킬 수 있다. 그러나 몇몇은 놀이를 계속하기를 좋아하거나 또는 상자에 대한 논의가 끝난 후에 처음의 장면을 바꾸기를 좋아한다.
- 청소년은 종종 비언어적 측면 때문에 모래상자에 매료된다. 이들은 종종 감정과 자신이 겪고 있는 문제를 표현하는 것에 대해 이야기하는 데 어려움이 있다. 모래상자는 비언어적 의사소통 방식을 제공할 수 있다. 청소년과 모래상자치료를 하는 것에 대해 몇 가지 언급하면 다음과 같다. 많은 10대들은 아동과 놀이치료를 하는 치료사를 예민하게 알아차린다. 그들의 대답은 아마도 이럴 것이다. "나는 놀이치료 같은 데 참여하고 싶지 않아요—그건 어린아이들이나 하는 거예요." 우리는 대체로 다음과 같이 한다는 사실을 알게 되었다. "물론 나는 너와 놀이치료를 하는 게 아니야. 너는 아이라기보다는 어른에 훨씬 더 가깝잖아. 너에게 놀이치료를 받으라고 하는 것으로 너를 모욕하고 싶지 않아. 하지만 어른들과 함께하는 다른 종류의 상담을 하는데, 이건 모래상자상담/치료라고 해. 나는 네가 이런 상담을 받기에 충분히 성숙하다고 생각한다." 우리가 그들에게 답변을 제공하는 것처럼 보이지만(사실이 그렇다), 그러나 이는 사실이며, 우리는 이 방법이 매번 10대에게 먹힌다는 것을 발견했다.
- 모든 연령의 성인은 매체를 성공적으로 이용할 수 있다. 종종 성인은 거부감을 나타낼 수도 있는데, 그들은 모래상자는 참여하기에 너무 유치하다고 생각하기 때문이다. 우리의 경험에 따르면, 이러한 경우는 개인치료보다는 부부치료나 가족 치료에서 종종 나타난다. 이러한 (부부치료나 가족 치료) 세팅은 부부 그리고 성인 가족 구성원들로 하여금 과정에 참여하도록 할 수 있는 엄청난 기회를 만들어 낸다. "이것이 다소 이상해 보일 수도 있

고 너무 유치하게 보일 수 있다는 것을 나도 압니다. 그러나 나는 당신이 상황들이 변화되는 것을 보고 싶어서 투자한 것 또한 압니다. 여기에 오려고 시간을 할애한 것만 봐도 그렇습니다. 당신이 배우자/가족을 얼마나 아끼는지도 잘 압니다. 당신이 그러한 투자(케어)를 이 모래상자 과정(치료)으로 전환시킬 수 있는지 궁금합니다." 이런 말들은 우리가 사람들에게 참여하도록 죄의식을 갖게 하는 것처럼 보일 수도 있다. 이것이 우리의 의도는 아니다. 우리는 내담자가 이런 식으로 받아들이지 않는 것을 안다. 하지만 효과는 있다!

모래상자를 이용하기 좋은 시기는 언제인가?

몇몇 치료사들은 내담자와 하는 유일한 그리고 가장 중요한 치료로서 모래상자를 이용한다. 어떤 치료사나 내담자에게는 이것이 적절할 수 있으나, 우리는 모래상자치료에 우호적이라고 입증할 수 있는 시기가 치료과정에 존재한다고 제안한다.

- 상담에 대한 도입으로서: 상담과정에 적극적이지 않거나 저항적인 내담자에게 특히 그러하다.
- 속도에 변화를 주기 위해서: 일정 시간 동안 언어적 치료를 받아 왔던 내담자가 다시 활력을 얻거나 다시 집중할 수 있다. 위탁 보호를 받는 이들과 마찬가지로, 청소년은 수년 동안 상담을 받아 왔을 수 있는데, 이때 모래상자는 아주 필요한 변화를 제공할 수 있다. 또한 일반적인 언어적 치료로 접근할 수 없는 감정이나 문제들을 다루는 방법으로도 효과가 있다.
- 치료의 진행을 평가할 수 있는 주기적인 기회로서: 일련의 모래상자를 살펴보는 것은 진행 중인 과정을 되돌아볼 수 있다. 또한 임상치료사가 치료의 주요 방식을 평가할 수 있게 해 준다.

어떤 내담자가 모래상자로 도움을 받는가?

앞서 제2장의 이론적 근거와 관련된 토의에서 지적했지만, 모래상자치료 방식으로 특히 도움을 받을 수 있는 내담자 집단군을 다시 확인해 보는 것이 중요할 것 같다. Weinrib(1983)은 다음의 몇 가지 범주를 제안한다.

- **내향적이거나 긴장 상태에 있는 내담자:** 모래와 이루어지는 촉각적인 상호작용은 긴장과 불안을 감소시킨다. 이러한 형태의 내담자는 그저 모래 사이로 자신의 손가락을 움직이거나 모래가 자신의 손가락 사이로 흐르게 한다. 우리는 한 손이 모래 사이를 움직이고 있을 때 자유롭게 이야기할 수 있는 많은 10대와 젊은이들을 경험해 왔다. 마치 모래를 만지는 것이 혀를 느슨하게 하는 데 도움을 주는 것 같았다. 자연 재료로 만들어진 소품의 촉감은 내담자가 종종 자신의 감정과 다시 연결되는 방법으로서의 역할을 한다.
- **과잉행동을 보이거나 히스테릭한 성향을 가진 내담자:** 모래상자에 장면을 연출하는 것은 이러한 형태의 내담자를 집중하도록 도울 수 있다. 소품을 선택하고 이를 모래상자에 배치하는 것은 이러한 내담자에게 자신들의 문제를 외현화하고 객관화하도록 해 준다. 몇몇 미술기법과 마찬가지로, 토의 주제는 구성된 결과물이 된다. 매체와의 안정적인 촉각 상호작용은 내담자 행동의 산만한 측면을 감소시켜 주기도 한다. Ryce-Menuhin(1992)은 히스테릭한 성인과 함께한 모래상자 사용에 대해 언급하고 있다. 그는 모래상자의 보존적 요소(holding quality)는 히스테릭한 사람의 경계 문제(boundary problem)에 긍정적인 영향을 끼친다는 것을 지적하고 있다. 그는 "단기간 집중적으로 모래놀이를 하고 난 뒤 3개월 동안 중단한 후에, 다시 집중적인 모래놀이를 할 것"(p. 35)을 추천한다. 집중적인 모래상자 경험 사이사이의 중단된 시기가 히스테릭한 성인에게 구속되지 않은, 행동화하는 행동을 점차적으로 줄이는 데 필요한 시간을 제공한다.
- **과장된 말로 표현하는 내담자:** 몇몇 내담자들은 방어기제 또는 회피나 저

항 방법으로 말을 과장되게 표현한다. 비언어적 경험은 어떤 다른 접근방법을 제공하며, 그래서 치료과정에 나타나는 이러한 형태들의 치료 저항을 비껴간다. 몇몇 내담자들은 말을 과장되게 표현하는데, 왜냐하면 이들은 자신의 진정한 문제나 감정에 도달하는 방법을 모르기 때문이다. 모래상자는 이러한 핵심 문제에 대한 접근을 촉진할 수 있다. 내담자는 '딱 맞는 단어'를 찾을 필요가 없다. 의사소통은 모래상자 장면을 통해서 말 없이도 할 수 있기 때문이다.

- □ 이에 덧붙여, 미술치료에서처럼 구체적인 방법으로 내담자의 문제를 외현화하는 것은 치료적 쟁점에 형태와 실체를 제공한다. 특정 내담자들에게 구체적인 방법으로 문제를 외현화하지 않으면, 치료 문제에 형태와 실체를 제공할 수 없을 수도 있다. 이 모래상자 특성에 국한시켜 본다면 내담자는 그 범위만큼 통제할 수 있는 능력을 활성화시킬 수 있다. 모래상자의 벽면은 내담자가 만든 장면 주위에 물리적인 울타리를 만들어 주는데, 이는 내담자에게 내적 경계를 만들도록 도와준다.

■ 합리화하거나 주지화하는 내담자: 합리화나 주지화는 본질적으로 말을 과장되게 하는 경우와 동일한 역할을 한다. 이는 치료과정에 또 다른 형태의 저항으로서 역할을 한다. 이는 내담자가 너무 오랫동안 익숙해 있어서 이를 넘어서기에는 (내담자나 치료사 모두에게) 불가능하게 보이는 방어기제라 할 수 있다.

- □ 이에 덧붙여, 합리화하거나 주지화하는 내담자는 종종 자신의 감정과 교감하는 데 어려움이 있다. 모래상자는 내담자 문제의 정서적 측면을 끌어내는 능력이 있다. 그래서 이는 광범위하게 활용되어야 하며, 그러한 가능한 효과에 대한 이해와 함께 활용되어야 한다. 상자가 완성된 후 진행 시간(processing time) 중에 어떤 내담자는 특히 감정 수준에서 의도된 것보다 더 많이 노출되었다는 것을 발견하게 된다. 자신의 감정에 불편해하는 내담자에게, 이는 힘든 자각(realization)일 수 있다. 아동 미술치료사 Edith Kramer(1972)는 아동이 미술 작업에서 자신들을 '배신'

한다고 적고 있다. 비슷하게, 모든 연령대의 사람들 또한 자신이 기대하거나 의도했던 것 이상으로 자신의 모래상자에서 자기 자신에 대해 더 말할 수 있다.

- 언어화하는 데 어려움이 있는 내담자: 확실히, 말하는 것에 어려움을 느끼는 내담자에게 비언어적 경험은 도움이 되는 자산이다. 이러한 어려움은 말하기 장애를 가진 내담자나 자신의 제한적인 어휘력이나 언어 능력을 부끄러워하는 사람을 포함할 수 있다. 모래상자는 이러한 형태의 내담자에게 아주 훌륭한 자유로운 경험이 될 수 있다. 치료사의 관점과 의도에 따라서, 언어화에 어려움이 있는 내담자는 후속 절차나 토론 없이 모래상자에서 작업할 수 있는 기회를 제공받을 수 있다.
- 학교 상담사는 (학생들이) 모래에서 작업할 수 있는 기회를 제공받고, 그에 대해서 나중에 이야기할지 안 할지에 대한 선택이 (자신들에게) 주어졌을 때, 학생들에게서 긍정적인 변화가 있었다고 보고한다. 모래에서의 자신들의 작업에 대해 이야기하지 않기로 선택한 많은 이들은 그것으로부터 도움을 받는다. Wheat(1995)는 학급교사(classroom teacher)에 의한 모래상자 활용을 보고하고 있다. 각각의 학생은 모래상자에서 작업할 수 있는 특정한 시간을 배정받는다. 교사들은 종종 과정을 관찰하지만, 교사와 학생 사이에 어떠한 언어적 상호작용은 일어나지 않는다. 한 교사는 다음과 같이 보고하고 있다. "나는 이러한 조용하고 명상적인 자기표현의 형태가 방안에서 일어나는 다른 '좀 더 시끄러운' 활동들을 균형 잡아 준다는 것을 발견했다."(p. 83) 또한 Wheat는 "치료적 모래놀이를 실행하는 것은 아동으로 하여금 자신의 감정을 다루고, 그래서 이들이 마음의 평화를 얻도록 돕는 중요한 단계"(p. 83)라고 언급하고 있다.

회기 진행을 위한 프로토콜

모래상자 회기를 진행하는 것은 몇 가지 중요한 단계를 가지고 있다. ① 방에 모래상자와 소품들을 준비하고, ② 내담자에게 모래상자를 소개하며, ③ 내담자가 모래상자에 장면을 만들고, ④ 장면 구성 후 단계, ⑤ 모래상자를 부수고 정리하는 단계, 그리고 ⑥ 다양한 기록 절차를 논의하는 단계다. 모래상자 진행과정에 대해서는 다음 장에서 충분히 논의할 것이다.

6단계 프로토콜

1. 준비하기
2. 내담자에게 소개하기
3. 모래상자 구성
4. 장면 구성 후 단계
5. 모래상자 정리
6. 회기 기록

1단계: 방 꾸미기

이 과정은 당신의 특별한 상황에 따라 달라질 수 있다. 앞 장에서 지적하였듯이, 몇몇 치료사들은 분리된 모래상자치료 공간을 가지고 있을 수 있는데, 이러한 경우 회기 전 준비는 단순하다.

- 모래상자와 소품이 제자리에 있는지 확인하기 위해 방을 둘러본다.
- 이전 회기에서 모래상자에 묻힌 재료들이 없는지를 확인한다. 만약 당신이 재료를 다른 상담자와 공유하고 있다면 이러한 확인은 중요하다.
- 모래는 고르고 어느 정도 부드러워야 하는데, 그럼으로써 내담자가 편견없이 시작하도록 제공해야 한다.

만약 당신이 두 개의 모래상자를 사용한다면 다음을 준비하라.

- 모래의 충분한 습기를 위해서 젖어 있는 상자를 확인하라. 또는 내담자가 물을 추가하는 것을 허락한다면, 물을 담고 있는 용기에 물이 충분히 있는

지 확인하라. 다시 한 번 말하지만, 만약 당신이 다른 상담자와 모래상자를 공유하고 있다면 이는 특히 필요한 작업이 될 것이다.

만약 당신이 한 개의 모래상자를 사용한다면 다음을 확인하라.

- 최소한의, 그러나 충분한 양의 물이 있는지를 확인하라. 몇몇 치료사들은 물 스프레이 병을 제공한다. 이러한 것을 제공하거나, 다른 작은 용기를 제공하는 것이 적합하다. 이는 모래를 의도적으로 또는 우발적으로 과도하게 젖게 하는 가능성을 줄여 준다. 만약 당신과 동료가 같은 날 모래상자를 다시 사용해야 한다면 이러한 작업은 중요하다.

뚜껑 없이 두었거나 약간 젖은 모래는 하루만 지나면 많이 말라 버린다. 하지만 상당한 양의 물이 사용되었다면 상황은 다르다. 많이 젖어 있거나 걸쭉한 모래상자를 접하면 내담자의 실망감은 클 것이다. 이는 내담자의 모래작업에 직접적으로 영향을 미칠 것이다.

만약 당신이 회기를 위해서 다른 목적으로 사용하는 방을 모래상자 공간으로 바꾸어야 한다면, 일관적인 방식으로 범주별 소품을 배열하는 것을 명심하라(제4장 참조). 이는 내담자에게 일관적이고 정돈된 방식으로 소품에 접근할 수 있도록 해 준다. 경험상, 소품들이 사용 후에 적합한 보관 장소로 반환된다면, 이는 빠르고 쉬운 작업이 될 수 있다.

임상치료사가 통로에 앉지 않도록 하며, 내담자가 모래 작업을 하는 것을 쉽게 관찰할 수 있는 위치에 의자를 배치하라. 내담자는 상담사가 모래상자를 만드는 작업에 충분히 참여하고 있지만, 내담자와 매체 사이에 전개되는 역동을 방해하지 않는다고 느낄 수 있어야 한다. 내담자가 모래상자(들)와 수집 소품들 사이를 쉽게 이동할 수 있게 방 안의 다른 가구들을 배치하라. 모래상자와 소품 사이에 깨끗한 통로가 확보되어야 한다. 소품을 선택할 때마다 피해야 하는 탁자와 의자가 있다면 내담자는 짜증이 날 것이다. 만약 내담자가 상자와 탁자 주변을 완벽하게 걸어 다닐 수 있다면 도움이 될 것이다. 이는 상자 전체에 대한 더 좋은 접근을 돕는다.

또한 소품 진열에 따라서, 내담자가 높은 선반에 배치된 소품에 다가가는 것을 도울 수 있도록 발판을 마련해야 할 수도 있다.

2단계: 모래상자와 소품 소개

내담자에게 소개하는 것은 당신이 이 기법을 어떤 목적으로 이용하는가에 따라서 달라질 것이다. 모래상자를 이용하는 목적에 따라 비지시적 접근이나 지시적 접근 또는 이 두 가지 모두를 이용할 수 있다.

비지시적 접근

당신은 내담자에게 최소한의 지시를 주거나 전혀 주지 않기를 선택할 수 있다. 비지시적 방식은 모래에 펼쳐진 장면이 내담자의 소품 및 모래와의 상호작용으로 나타난 결과가 되게 해 준다. 이는 아주 흥미롭고, 강력하고 의미 있는 경험이 될 수 있다. 이 경우, 치료사는 다음과 같이 이 경험을 소개할 수 있다. "(선반이나 상자를 가리키며) 여기 수집 소품이 있습니다. 당신이 원하는 만큼 사용할 수 있습니다. 이것들을 잠시 살펴본 후에, 당신에게 '말을 거는' 것들을 선택하세요. 그리고 그것들을 (모래상자를 가리키며) 모래에 놓으세요. 그런 다음 모래에 어떤 세상을 만들기 위해서 원하는 만큼 (소품을) 추가하세요. 당신이 마칠 때까지 저는 여기서 조용히 있겠습니다. 천천히 하세요. 그리고 끝나면 알려 주세요."

연령이 높은 아동과 10대에게는, 다음과 같은 소개를 할 수 있다. "여기 수집 소품이 있어. 네가 원하는 만큼 사용해도 좋아. 모래 위에 한 장면을 만들어 봐. 네가 원하는 장면은 무엇이든지 좋아." 만약 아동 혹은 10대가 무엇을 해야 할지 혼란스러워하거나 불확실해한다면, 다음과 같이 계속해서 말할 수 있다. "네가 영화를 보고 있을 때 '정지' 버튼을 누르면 어떻게 되는지 알고 있을 거야. 영화는 멈추고 너는 영화의 한 장면을 볼 수 있겠지. 다만 모래 위의 장면은 영화에서 나오는 장면이 아니고 네 스스로 생각해 낼 수 있는 그 어떤 장면이어도 괜찮아. 소품들을 보고 네가 좋아하는 것을 모래 위에 놓아 보렴. 저기서부터 시작해 봐." 일반적으로 이는 내담자가 시작하도록 돕는 데 충분하다. 어떤 내담자는 지시사항을 듣기도 전에 이미 시작한다.

몇몇 임상치료사들은 경험을 소개할 때 다음과 같은 특정 단어들을 사용하는 것을 선호한다.

- 세상을 만들어 봐요.
- 당신의 세상을 만들어 봐요.
- 하나의 장면을 만들어 봐요.
- 세상을 세워 봐요.
- 당신의 세상을 세워 봐요.
- 하나의 장면을 세워 봐요.

(이 중에서) 당신에게 맞는 것, 당신이 가장 편안함을 느끼는 것을 사용하라. 내담자에게 지시를 하기 위해서 이용된 단어들은 다양한 방식으로 영향을 미칠 수 있다. 예를 들면, 9~11세 아동을 연구한 바에 따르면, 대부분 "모래 위에 너의 세상을 만들어 보렴." 하고 말했을 때 그들이 자신의 이웃이 놀고 즐기는 것을 만들었다는 결과가 나왔다(Petruk, 1996).

지시적 접근

어떤 내담자는 자유롭고 구조화되지 않은 경험에 당황할 수 있다. 이러한 경우, 특정 작업을 제공하는 것이 더 보호적일 수 있다. 이 작업은 내담자의 계속적인 치료 문제와 연관될 수 있다. 예를 들면, 룸메이트 문제를 가진 대학생 내담자에게, 우리는 다음과 같은 지시사항을 제공할 수 있다. "당신이 강의 후에 집에 돌아왔는데 룸메이트가 또 집안 규칙을 어긴 것을 발견했을 때 당신의 느낌을 표현할 수 있도록 장면을 만들어 보세요."

우리는 부모의 이혼에 대응하는 문제로 상담에서 아동과 모래상자치료 작업을 했었다. 치료사가 상자를 반으로 나누거나 또는 내담자에게 그렇게 하도록 할 수 있다. 그리고 내담자에게 다음과 같은 지시사항을 제공할 수 있다. "한쪽에는 이혼 전에 너의 세상이 어떠했는지를 만들고, 다른 한쪽에는 지금 너의 세상이 어떠한지를 만들어 보렴." [그림 5-1]은 부모가 이혼한 두 명의 여자아이(6세와 8세)와 관련하여, 저자 Daniel이 다시 재연한 모래상자 구성물이다. 부모들은 회기를 받기로 되어 있었으나, 어떠한 놀이치료 재료를 사용하지 않았다. 여자아이들이 나타났을 때 그들은 앞에서와 같은 지시사항을 듣고 모래상자를 만들 수 있는 기회를 받았다.

그림에서는 확실하지 않을 수도 있으나([그림 5-1] 참조), 언니가 묘비를 이용해서 상자를 반으로 나누기로 했다(자신의 부모들의 결혼생활이 끝났다는 것을 분명하게 보여 주는 것임). 상자 왼쪽에는, 여자 인형이 남자 인형쪽으로 기울어져 있는 한 부부가 보인다. 여자아이들은 이를 부모가 항상 말싸움을 하고 있는 방

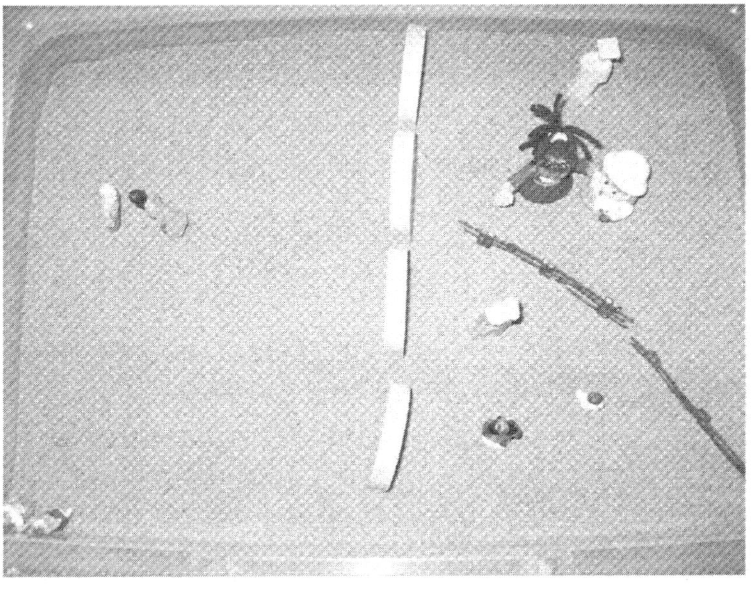

그림 5-1 부모가 이혼한 아동의 모래상자

식으로 설명했으며, 엄마가 특히 공격적인 언어를 구사했다고 설명했다. 왼쪽 구석에는 두 명의 여자아이가 있는데 얼굴이 상자를 향하면서 부모에게서 멀리 떨어져 있다. 이는 부모가 싸울 때 아이들이 부모로부터 숨어야 할 필요가 있다는 것을 보여 준다.

상자 오른쪽의 장면은 울타리를 중심으로 둘로 나뉘어 있다. 위에는 어머니랑 사는 것을 묘사했다(당시에는 공동 양육권이었다). 이들은 여성 인형을 학위 수여 때 입는 복장으로 장식하기를 선택했는데, 어머니가 학교에 가려는 결정을 묘사한 것이다. 이들은 어머니가 학교에 다니고 있었으며 이미 다른 사람과 데이트를 하고 있었고, 자신들을 돌볼 시간이 없었다고 설명했다. 자신들이라고 선택한 오른쪽 아래 두 개의 여자 인형들은 (더 관계가 있는) 자신의 아빠 쪽으로 얼굴을 향하고 있다. 그들은 자신의 아버지로 판사 인형을 선택했으며, 그러한 선택에 대해서는 논의하지 않았다. 당시 양육권 문제가 해결이 안 되어, 아이들은 그러한 과정에서 판사의 힘을 인식하고 있었을지도 모른다.

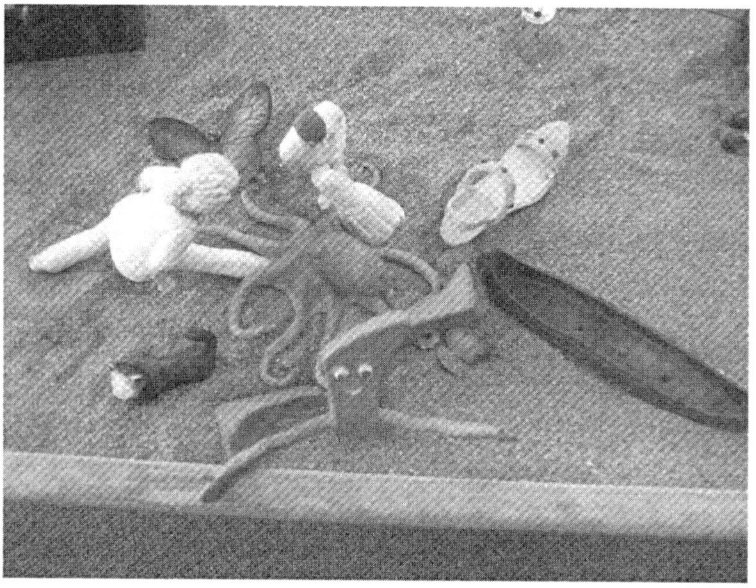

그림 5-2 대학원생의 모래상자

상담사 교육자로서 모래상자를 자주 즐겨 사용하는 방법은 대학원생에게 다음과 같은 지시에 따라 상자를 만들도록 하는 것이다. "대학원생이 된 것에 대해서 어떻게 느끼는지 모래상자 위에 만들어 보세요." 학생들은 자신을 위해 장면을 만드는 것이 매우 즐겁고 강력한 경험이었다는 것에 놀란다. 장면을 진행하는 과정에서(4단계), 학생들은 자신의 문제에 빨리 도달할 수 있음과 이 매체가 내담자에게 미치는 힘을 직접 이해하게 된다.

[그림 5-2]는 대학원생 상자의 예이며, 다음은 학생이 직접 작성한 원본 그대로의 요약이다.

나는 처음에 문어를 선택했는데, 왜냐하면 나의 대학원 경험 중에 많은 역할들을 수행해야 했기 때문이에요. 나는 당시에 '한 촉수(문어발)'가 무엇을 하고 있었는지 확실하지 않았어요. 어떤 한 촉수에 충분히 전념할 능력이 되지 않는다고 느꼈어요. 여러 가지 이유로 모든 것들이 다 중요했으니까요. 그래서 이러한 우선순위 각각을 표현하는 소품을 선택했어요.

행복해 보이는 신랑과 신부를 발견했어요. 아내로서 나의 역할은 내 삶에 있어서 열정이고 기쁨이었어요. 신부를 신랑 쪽으로 향하게 했는데, 신랑이 나에게 기대는 것보다 더 많이 신랑에게 기대는 현실을 나타냈어요. 나는 내가 학교에 있을 때 신랑이 많이 희생해 왔다는 것을 알아요. 그리고 때로 관계에서 나의 '역할'을 유지하기 위해서 그만둘 필요가 있을 수도 있다는 것을 느꼈어요.

나는 큰 검비(Gumby)[1]를 골랐는데, 이건 내 감정이 틀을 갖추고, 만들어지고, 다듬어지고 있으며, 그리고 내 감정이 융통성이 있다는 것을, 너무 융통성이 있다는 것(특히 내가 학습 경험에 집중할 때 더 융통성을 갖추게 되는 것 같아요)을 표현한 것이었어요. 검비는 얼굴에 당황한 표정을 하고 있어요. 생각하기에, 나는 그런 표정을 내 경험 내내 짓고 있었던 것 같아요! 그리고 교회에서의 나의 직업(상담)을 표현하기 위해서 전문적인 여성 의사를 선택했어요. 그녀는 자신에

1) 역자주: 1980년대 미국 TV쇼에 방영된 사람의 모습과 비슷한 외형을 가진 진흙 캐릭터 소품

> 대해서 확신이 있는 것처럼 보였고, 다른 사람들이 도움을 청하는 사람처럼 보였어요. 내가 생각하기에 검비와 의사는 크기가 같은 것 같아요.
>
> 나는 여성의 하이힐을 선택했는데, 이건 즐겁게 살고 싶고 남성 중심 세상에서 여성으로 남고 싶은 나의 한 면을 표현한 거예요. 학계에 있는 건, 이건 오랜 기간에 걸쳐 유지하기가 어려운 것이에요. 나는 닭을 선택했는데, 앞으로 나가는 것을 두려워하는 나의 일부를 표현한 것이에요. 보트를 선택한 건 신과 함께하는 나의 여정을 나타낸 것이고, 휴식의 장소 그리고 대학원 동안과 그 후에 내가 마주하고 있는 어려움을 나타낸 거예요. 신과 나의 관계는 나를 온전하게 지켜줬어요. ……이 대학원 과정이 그러한 것의 일부라 믿고 있어요.

특히 이 상자가 교실에서 집단모래상자의 일부로 진행되었다는 것을 감안한다면, 상당히 강력하고 통찰력 있는 경험이었다. 치료 상황이 아님에도 불구하고, 모래상자치료는 상당히 깊게 도달하게 한다.

우리가 모래상자치료에서 활용해 왔던 또 다른 지시적 방법은 동적 가족화(Kinetic Family Drawing)를 적용한 것이다(Burns & Kaufman, 1980). 이 평가는 단순히 내담자에게 자신을 포함한 자신의 가족이 어떤 활동을 하고 있는 그림을 그리도록 요구하는 것이다. 모래상자치료가 어떠한 미술적 능력을 요구하지 않는다는 장점을 생각해 보면, 이 방법은 훌륭한 적용방법이 될 수 있다. 이는 개인, 부부 또는 가족과 함께 수행할 수 있다. 자신의 가족(또는 가족의 기원), 가족 구조, 그리고 관계에 대한 내담자의 인식은 치료사와 내담자에게 소중한 정보가 될 수 있다. 경계 문제(boundary issue), 지나친 몰입(enmeshment), 삼각화(triangulation) 등이 상자 구성에서 보일 수 있다. 가족으로 하여금 무언가를 하게 하는 특정한 지시는 내담자, 가족 또는 가족 구성원이 자기 자신의 관점으로 전형적인 가족 기능에 관한 장면을 만들도록 돕는다.

모래상자치료에서 활용할 수 있는 다른 지시적 적용(adaptation)과 응용은 많이 있다. 제8장에서는 부부 그리고 가족에게 모래상자를 이용하는 것을, 제9장에서는 모래상자치료과정과 인지적 · 구조적 기법의 통합을 논의할 것이다.

3단계: 내담자가 모래상자에서 장면 만들기

내담자가 모래상자 위에서 어떤 장면을 지시적 · 비지시적으로 구성하도록 시간을 할애하라. 그러는 동안 치료사는 현장에서 일어나는 과정(만들기 또는 구성하기)과 형성되고 있는 결과물(장면)을 모두 존중해야 한다.

치료사의 역할

융 학파는 '자유롭고 보호받는 공간'에 대해서 말한다. 이론적 성향과 관계없이, 이는 간략하게 토의할 충분히 중요한 개념이다. 내담자가 자신의 작업(언어적 · 비언어적)을 수행하는 치료환경을 개발하고 유지하는 것은 모든 형태의 정신치료에 결정적이다. 이러한 '의지가 되는 공간' 또는 '자유롭고 보호받는 공간'은 필수조건이며, 치료사의 중요한 책임이다. 이는 앞서 논의한 '성역(temenos)'이라는 개념과 관계되는데, 신성함과 세속 사이의 경계를 제공하는 치료와 모래상자 자체를 말한다. 내담자는 반드시 자신이 정서적으로, 심리적으로, 영적으로 그리고 물리적으로 안전하다는 것을 믿어야(알아야, 생각해야, 느껴야) 한다.

> 모래작업에서 치료사의 정서적인 감각 안에서 내담자, 참가자와 함께 감정이입적으로 모래상자에 '들어' 간다. 중요한 것은 과정의 감정과 분위기 그리고 개인 그림을 동화시키는 치료사의 능력이다. 정서적인 측면에서, 치료사는 내담자 그리고 참가자와 함께 구성의 활동에 감정이입적으로 '들어가고', 심오하고 말이 필요 없는 라포를 구축하는 것이다. 환자와 함께 그의 구성 세계로 들어가는 조용한 능력 그 자체가 수많은 사람들이 고통을 겪는 고립의 감정을 치료해 주도록 도울 수 있다(Weinrib, 1983, p. 30).

그러므로 내담자가 모래상자 안에서 만들고 구성하는 동안, 치료사는 반드시 동석해야 한다. 치료사는 감정이입적으로 그리고 인지적으로 경청하고, 관찰하고, 참여해서 구성 활동을 공유해야 한다. 사실, 말하지 않고 완전히 함께한다는 것은 어렵다. 특히 치료관계에서 언어에 의지해 오던 임상치료사에게는 더 어려울 수 있다. 이 글을 읽고 있는 독자 중 몇몇은, 그리고 비언어적 과정(모래상자, 놀이치료, 미술치료 등)을 경험해 보지 못한 이들은 말하지 않는다는 것이 새로우면서도 어려운 경험이라고 생각할 수 있다. '과정을 신뢰하라.' 이것이 중요하다. 결과물을 구성하고, 그러는 동안 완전히 현장에 함께한다는 것을 배우고, 자유롭고 보호되는 공간을 유지하는 것을 배우며, 내담자의 과정을 관찰하는 것을 배우는 일은 다소 시간과 연습이 필요할 수도 있다. 그러나 이는 필수적이다!

물론, 우리가 언어화를 최소한으로 유지하라고 제안하자마자, 예외를 또 생각하기 시작한다. 주요한 예외는 어린아이와 모래상자를 사용할 때가 될 수 있겠다. 어린아이와 할 때, 모래상자 과정은 소품으로 하는 놀이치료와 유사할 수도 있다. 치료사가 놀이치료처럼 어린아이의 놀이를 따라가는 것이 적합할 수 있다. 왜냐하면 어린아이가 모래에서 하나의 장면을 만들어 내는 것을 어렵게 느낄 수도 있기 때문이다. 그들은 장난감처럼 소품을 이용하는 경우가 더 많을 것이며, 전형적인 놀이치료 회기에서처럼 많은 움직임과 소리를 내면서 일련의 활동적인 놀이를 하는 경향이 더 클 것이다. 어린아이의 발달단계가 고려되어야 하며, 모래상자 접근방법은 적합하게 적용되어야 한다.

내담자가 모래에서 구성을 할 때 조용해야 한다는 규칙에 대한 다른 예외들은 치료 목적과 관련이 있다. 만약 그 목적이 내성적이고 위축된 내담자가 긴장을 풀고 휴식할 수 있게 돕는 것이라면, 그리고 내담자가 말하면서 긴장이 풀린다면, 우리는 그 내담자가 대화하는 것을 지원해야 할 것이다. 그렇지만 만약 치료사의 결정이 과도하게 언어화를 하는 내담자가 집중할 수 있게 모래상자를 사용하는 것이라면, 우리는 모래상자를 만들면서 치료사를 토론으로 끌어들이려고 하는 내담자에게 다음과 같이 말할 수 있을 것이다. "나는 당신이 모래상자를 완성하기를 원합니다. 그런 후에 이야기를 할 겁니다." 다시 한 번 말하지만, 치료사가 내담자에게 모래상자를 사용하는 의도와 목적을 분명히 알아야 하는 것이 필수조건이다. 이는 치료사가 적합한 응답을 이해하도록 도울 것이다.

과정과 결과(물)

결과물(완성된 상자)은 분명히 중요하다. 동시에, 내담자의 과정을 관찰하는 것도 중요하다. 전통적인 언어적 치료에서, 치료사는 내담자의 비언어적 의사소통에 주목하도록 훈련받는다. 내담자의 접근방법과 모래상자에 장면을 구성하는 작업의 완수에 관심을 쏟는 것을 제외하고, 이러한 관심을 기울이는 것은 중요하다.

옆의 글상자 '과정 이해'는 관찰할 가치가 있는 몇 가지 역동을 포함하고 있다. 내담자와 그의 특정 문제를 이해하는 것은 임상치료사에게 관찰해야 하는 다른 역동들을 제공해 주기도 한다.

> **과정 이해**
> - 용이함/어려움
> - 결단/주저
> - 완전한 몰입 가능/완전한 몰입 불가능
> - 목적의식 있음/목적의식 없음
> - 미리 계획함/손 가는 대로 함

모래상자를 만드는 과정 중에 관찰해야 하는 또 다른 영역은 내담자가 매체와 어떻게 상호작용하는가 하는 것이다. 첫째, 모래와의 상호작용이다. 내담자는 표면을 매끄럽게 하고 또다시 매끄럽게 하는 데 얼마나 많은 시간을 쓰는가? 모래가 이동되고, 이쪽에 쌓이고, 그래서 저쪽에는 상자의 파란 바닥이 드러나는가? 젖은 모래에 터널이 만들어지는가? 또는 완전히 반대로, 내담자는 모래를 하나도 만지지 않도록 조심하는가? 둘째, 소품과 내담자의 상호작용이다. 내담자는 특정한 대상을 피하거나 특정 범주들을 완전히 무시하는가? 다른 어떤 것들에 대해 망설이는가? 조심스럽게, 심지어 경건하게 소품들을 다루는가? 특정한 소품을 쓰다듬고, 만지고, 어루만지는가? 내담자는 분명한 초점과 계획을 가지고 시작하는가? 그리고 모래상자를 혼란스럽게 만드는 전환이 일어나는가?

많은 치료사들은 회기 중에 메모를 조심스럽게 하는 것을 편안해한다. 메모는 토론이나 진행 시간 중에 언급될 수도 있는데, 이는 다음에 논할 것이다.

4단계: 장면 구성 후 단계

다시 한 번 말하지만, 내담자에게 모래에 장면을 구성하거나 구성하도록 하는 목적이 이 단계에 영향을 끼칠 것이다. 몇몇 치료사들은 창의적인 과정을 허락하는 것을 선호하는데, 이는 내담자의 내적 치유과정, 즉 홀로서기를 촉진시켜 준다.

어떤 이들은 모래상자에서의 장면을 토론하기 위한, 그리고 내담자와의 계속적인 언어 작업을 위한 도약판으로서 이용할 것이다. 이는 장면을 훌륭하게 사용하는 것이다. 그것이 지시적 · 비지시적 경험이든 상관없이, 내담자는 종종 스스로 통찰력을 발견한다. 치료사는 일반적으로 내담자를 위해서 소품의 상징성과 장면의 의미를 해석하고 싶은 유혹을 느낀다. 유혹에 넘어가지 마라. 치료사가 일반적인 의미에 대한 통찰력을 가질 수도 있겠지만, 가장 중요한 것은 내담자에 의해서 부여된 의미다. 치료사의 진정한 도전과제는 질문을 얼마나 능숙하게 하는가와 모래상자 장면 안에서 내담자가 의사소통을 경험하도록 지원하는 것이다.

모래상자 장면에 대한 토론 또는 진행

다음 장에서 이 과정에 대한 더 자세한 토론을 제공할 것이다. 그러나 모래상자 장면과 소품에 대한 전통적이고 전형적인 몇몇 해석을 이해하는 것은, 모래상자치료 회기가 구성된 장면의 진행 단계로 옮겨 가는 시점에서 치료사에게 어떤 통찰력이나 안내를 제공할 수 있다.

완성된 모래상자를 시각적으로 관찰하라. 비록 치료사가 모래상자에서 일어나는 장면의 전개과정을 계속 관찰하고 있었기는 하지만, 잠시 멈추어 시간을 갖고 전체적으로 완성된 모래상자를 보는 것은 매우 중요하다. 앞서 언급했듯이, 전형적인 모래상자의 '일반적인' 측면들을 보는 이유는 전체 장면이 한 단위로 시각적으로 인지될 수 있기 때문이다. 이는 내담자에게 당신이 그들의 세상에서 중요하게 여기는 가치를 전달한다.

모래상자를 정서적으로 관찰하라. 정서적인 내용(콘텐츠)은 무엇인가? 치료사에게서 모래상자는 어떠한 정서를 불러일으키는가? 따뜻한가? 위로가 되는가? 평화로운가? 화가 났는가? 갈등하고 있는가? 치료사 슈퍼비전에서 보면, 우리는 소수의 치료사만이(치료 접근방법에 상관없이) 자기 자신의 정서적 반응을 억

누르거나(check in) 자신의 감정을 신뢰한다는 것을 인지했다.

여기서 주의해야 할 점을 언급해야 할 것 같다. 우리 자신의 정서적 반응을 확인하고 활용하는 것이 매우 유용하기는 하지만, 우리는 내담자 역시 치료사의 정서 상태를 쉽게 알아차린다는 것을 똑같이 인지하고 있어야 한다. 만약 당신이 그날 기분이 좋지 않다면, 이는 당신이 치료를 제공하는 방식에 영향을 미칠 뿐만 아니라 내담자도 당신이 기분 나쁜 상태임을 알아차리고 이를 자기 것으로 받아들인다(내담자는 자기가 무언가 잘못했다고 짐작하거나 자신도 오늘 기분이 별로 좋지 않다고 생각한다).

모래상자 장면의 구성 조직을 평가하라. 모래상자를 사용하는 정신분석학적으로 훈련받은 심리치료사는 모래상자의 구조적 구성에 대한 평가나 해석에 상당한 시간을 사용할 수도 있다. 우리는 이 지침을 읽는 임상치료사에게 이러한 식으로 모래상자를 사용하라고 훈련시키거나 알려 주려고 하는 것은 아니다. 오히려 우리는 단순히 치료기법으로서 모래상자를 사용하는 것에 초점이 있다. 다시 말하지만, 개인적 경험으로, 모래상자 소품 배열의 특정 측면들이 내담자와 작업할 때 도움이 된다는 것을 입증해 주고 있다. 이러한 조건(terms)과 개념(concepts)은 융 학파의 견해와 일치한다(Bowyer, 1970; Buhler, 1951a, 1951b). 다음의 '일반적인' 모래상자 소품의 구조는 Charlotte Buhler의 연구의 적용본들이다. 이 구조들은 초보 모래상자치료사에게 내담자 문제에 대한 임상적 직감을 제공한다. 이는 모래상자 구성에 대한 토론을 시작할 수 있는 출발점으로 여겨진다.

1. 텅 빈 세상(An Empty World). 모래상자의 2/3 이상에 소품이 없다면, 모래상자는 '텅 빈 세상'이라고 여겨진다. 텅 빈 세상은 아동이 자신의 세계를 불행하고, 비어 있는 공간으로 여긴다는 것을 반영한다. 또는 내담자가 거부당하고, 탈출하고 싶은 욕망을 느낀다거나, 우울 때문에 정신적 자원이 결핍된 상태를 반영할 수 있다.
2. 사람이 없는 세상(An Unpeopled World). 만약 모래상자에 사람이 한 명도 없다면, 모래상자는 '사람이 없는 세상'이라고 여겨진다. 이 경우, 사람들이

란 남자, 여자, 아이, 직업을 나타내는 소품들 등으로 정의된다. 군인은 보통 공격적인 놀이에서 이용되는데, 모래상자 내담자는 일반적으로 군인을 '비인간(nonpeople)'으로 이용한다. 그렇지만 여기에는 항상 예외가 있는데, 만약 당신의 내담자가 군인 사회의 구성원인 경우가 그렇다고 할 수 있다.

> **과정 이해하기**
> 1. 텅 빈 세상
> 2. 사람이 없는 세상
> 3. 닫힌/막힌 세상
> 4. 경직된 세상
> 5. 정리되지 않은 세상
> 6. 공격적인 세상

사람이 없는 세상은 탈출하려는 내담자의 소망과 사람을 향한 적대적 감정의 표현을 반영할 수 있다. 분명히, 학대받은 아동은 사람이 없는 세상을 만든다. 왜냐하면 자신의 삶에서 사람들이 자신을 다치게 할 수 있었으며, 그래서 아이는 자신의 세상을 탈출하기를 절실히 원할 수도 있기 때문이다. 이러한 아동이 자신을 정서적 · 심리적 · 영적 · 신체적 · 성적으로 다치게 한 사람들을 향해서 상당한 분노와 적대감을 가지고 있는 것은 이해할 만하다.

3. 닫힌/막힌 세상(A Closed/Fenced World). '닫힌/막힌 세상'은 내담자가 모래상자에서 울타리나 다른 칸막이를 이용한 것으로 정의된다. 이러한 형태가 종종 목격되므로 내담자가 선택할 수 있는 많은 옵션의 울타리 재료나 장벽 재료를 갖추는 것이 필수적이다. 만약 대부분의 소품과 재료들이 울타리 내에 있다면 그 장면은 더 정확하게 닫힌/막힌 세상으로 정의된다. 이 세상은 내담자가 다음과 같은 것들을 하나 이상 표현하는 것으로 여겨진다.
   - □ 자기를 보호해야 할 필요
   - □ 구획을 지어야 할 필요
   - □ 타인으로부터 자신을 닫음
   - □ 위험 요소를 제거함
   - □ 자신의 내적 충동에 대한 두려움과 외적 통제에 대한 필요
4. 경직된 세상(A Rigid world). '경직된 세상'은 때로 줄줄이 세상(World of Rows) 또는 도식적인 배열로 불린다. 소품이나 재료의 배열은 엄격한 배열 그리고 일반적으로 열(줄)로 나열되어 있거나 기하학적 패턴을 가지고

있어서 비현실적으로 보인다. 이는 질서를 향한 극단적인 필요로 여겨질 수도 있고, 내담자의 혼란스러운 세상에 대한 반응으로 여겨질 수도 있다. 내담자가 완벽주의 또는 자기통제(self-control)에 대한 상당한 요구가 있다고 여겨질 수도 있다. 그리고 정서적으로 엄격하거나 위축되었을 수 있다. 그러나 여기서 주목해야 할 것은, 원이나 정사각형은 만다라(mandala)일 수 있으며, 이는 엄격한 기하학적 문양으로 여겨지지 않는다. 만다라는 중심잡기(centering)와 완전함(wholeness)의 형태로 여겨지며, 치료과정에서 긍정적인 신호(sign)로 여겨진다. 모양(형태)의 질과 내용을 이해하는 것이 중요하다.

5. 정리되지 않은 세상(A Disorganized World). '정리되지 않은 세상'은 때로 모순된 세상 또는 혼돈의 세상으로 불리는데, 재료와 소품이 혼란스럽게 충동적으로 배치된다. 이러한 모래상자는 확실히 혼란스럽게 보인다. 구성과정이 일어나는 것을 관찰해 보면, 내담자는 의도적이고 계획적으로 시작했을 수 있으나, 이런 식으로 계속하면서 자아통제(ego control)를 상실하게 되어 혼돈으로 퇴보한다. 이러한 형태의 세상은 내담자가 다음과 같다고 지적해 준다.
   - □ 내담자의 내부 혼돈을 보여 주고 있다.
   - □ 내담자의 세상의 혼돈을 반영하고 있다.
   - □ 자기통제를 유지하기 어렵다.
6. 공격적인 세상(An Aggressive World). 마지막으로, '공격적인 세상'이 정의된다. 이는 군인 또는 기타 캐릭터가 싸우는 전투 장면, 자동차 충돌, 버스 충돌, 보트 충돌, 비행기 충돌, 야생동물의 공격(다른 동물, 사람, 자동차를 공격하는) 장면의 형태를 취한다. 예를 들면, 전쟁이나 충돌 장면처럼, 이런 장면들의 몇몇은 사회적으로 더 받아들일 수 있으나, 다른 장면들은 사회적으로 용인하기에는 어려운 것이 있다(예: 동물과 벌레들이 사람, 천사나 아기를 공격함).

공격적인 세상의 의미는 공격성이다. 우리는 공격적인 세상을 만드는 내담자에 놀라면 안 되는데, 왜냐하면 그들은 자신의 세상의 어떤 방식으로 행동화(acting out)를 하는 것일 수도 있기 때문이다. 하지만 어떤 것은 우리를 놀라게 할 수도 있다. 분노를 내면화하고 자신의 분노를 표현하기 위해 모래상자의 안전성을 이용하는 내담자가 그런 경우다. 이러한 내담자가 자신의 환경 내에서 행동화하는 것을 두려워하는 실제적인 이유가 있을 수 있는데, 특히 가정폭력의 경우가 그렇다.

내용(콘텐츠)의 주제 또는 은유를 확인하라. 만약 모래상자 장면이나 세상이 앞에 나타난 것들 중 하나라면, 그 주제는 쉽게 확인될 수도 있다. 그러나 이는 종종 그렇게 단순하지는 않다(맞다. 우리는 상담이 그리 단순하지 않다는 것을 잘 안다).

때로, 특정한 주제보다 모래상자의 은유를 확인하는 것이 의사소통에 더 도움이 될 수 있다. 예를 들면, 12세 소녀가 자신의 첫사랑의 강도를 표현할 때, 그녀는 울타리(몇 번의 회기 동안 소품들을 조심스럽게 둘러싸고 있었던 울타리)가 쓰러지게 만들었는데, 마치 울타리가 둘러진 영역 안으로부터 폭발한 에너지에 의해서 날려간 것처럼 울타리가 무너졌다. 이 장면을 '사랑의 힘'으로서 확인하는 것이 주제명으로 시도하는 것보다 내용을 훨씬 더 효과적으로 전달된다.

일단 임상치료사가 앞서 언급한 단계들을 마치고 난 다음, 그 장면에 대해서 토론을 하도록 '초대'할 수 있다. 우리가 특히 사용하고 싶은 개방형 질문은 다음과 같다. "이 장면/세상에 당신은 어떤 제목을 붙이고 싶습니까?" John Allan(1992)은 놀이치료 훈련 중에 다음과 같은 것을 공유했다. 한 아동이 그림을 다 그린 후에, 그는 아동에게 그림에 대해서 토론하도록 초대한다(invite). 우선, 붙일 수 있는 제목을 묻는다. 우리는 '초대하기'의 측면을 좋아한다. 즉, 내담자에게 존중과 권한을 제공하고, 그래서 내담자의 작업을 이해하기 위한 목적으로 대화를 하는 것이 좋겠다는 뜻을 전달하는 것이다. 대개 아주 조용한 내담자도 모래상자에 제목을 붙일 수는 있다.

후속 구성 단계에서 치료사-내담자 간의 대화는 더 심도 있는 토론이 필요한데, 이에 대해서는 다음 장에서 다룬다.

5단계: 모래상자 정리(청소)

이 단계는 내담자와의 회기 일부가 될 수도 있고, 아닐 수도 있다. 일단 모래상자 장면과 후속 토론이 종료되면, 이제 소품들을 정리할 시간이다. 어떤 내담자는 상자 구성에 너무 몰입해서 회기가 종료될 시간이 다가온다는 것을 인지하지 못할 수도 있으므로, 치료사는 적절한 시간 알림을 제공하는 것을 명심해야 한다. 회기의 시간제한이 유지되는 것이 중요하기는 하지만, 모래상자 구성 중에 그냥 내담자를 중단시키는 것은 부당하다. 내담자는 깊은 정서를 비언어적으로 표현한 후에, 종종 반영적인 시간이 필요하다.

일단 회기가 종료되면, 내담자가 방을 떠난 후에 모래상자 장면을 해체하는 작업이 이루어져야 한다. 모래상자를 손상시키지 않고 그대로 두는 것은 내담자의 작업을 존중하는 것이다. 내담자가 떠난 후에 상자를 해체하는 것과 관련된 또 하나의 중요한 관점이 있다. 놀이가 언어이고 장난감이 단어인 놀이치료에서와 마찬가지로, 모래상자치료에서도 소품은 단어(말)다. 더 깊이 들어가면, 이들은 내담자의 정서적 삶과 내부 자아에 대한 표현인 셈이다. 우리는 내담자에게 자신의 정서적 표현이 '정리되어야' 하고, 그래서 그들의 표현은 받아들여질 수 없다는 메시지를 전달하고 싶지 않을 수도 있다. 아동과 청소년(성인도 마찬가지다)은 작업을 한 후에 자신이 정리하는 것을 배워야 하지만, 우리는 모래상자 해체가 필요하다고 생각하지 않는다.

> 내담자 앞에서 그의 그림을 파기하는 것은 완성된 창조물의 가치를 떨어뜨리는 것이며, 내담자와 그의 내부 자아의 연결뿐만 아니라 치료사와의 드러나지 않는 연결까지도 끊어지게 하는 것이다 (Weinrib, 1983, p. 14).

내담자가 떠난 후에 상자를 해체하는 것은 내담자에게 자신의 마음속에 그 장면의 시각적 이미지를 가지고 떠나도록 해 준다. 많은 내담자들은 다음 회기가 올 때까지 자신의 모래상자에 대한 상상과 은유를 계속 진행하고 생각할 것이다. 심지어 몇몇 내담자들은 상자나 상자에 있는 재료들의 의미에 대해 몇 주 동안 계속 사색할 것이다. 이는 분명히 치료 시간의 강력한 연장이라 할 수 있다. 필자(Linda)의 내담자 중에는 모래상자를 한 후 몇 주 뒤 회기에 와서 다음과 같이 말하면서 회기를 시작하는 성인 내담자가 있었다. "그 말(horse)을 기억하세요? 저는 그게 무얼 의미하는지 알아요!" 이렇게 말하고 그녀는 자신과 자신의 현재 상황에 대한 상징적 의미에 대해 계속해서 언급하곤 했다. 심지어 어떤 모래상자 회기 후 몇 달 뒤에도, 자신의 감정이나 어떤 상황의 의미를 표현하기 위한 일종의 약칭(shorthand)으로서, 이 내담자는 자신의 모래상자에 있던 '그 말' 또는 다른 소품에 대해서 언급하곤 했다. 강력했다!

내담자의 구성을 존경한다는 메시지를 전달하기 위해서, 어떤 치료사들은 더 나아가 내담자의 상자를 베일로 감쌀 것이다. 내담자의 구성에 대한 이러한 '존중'은 융 학파 모래상자치료사에 의해 종종 이루어진다.

만약 회기에서 시간이 남아 있고 당신 또는 내담자가 또 한 번의 모래상자를 하기 원한다면, 당신과 내담자가 함께 소품들을 선반 제자리에 갖다 놓으면서 장면을 해체할 수 있다. 내담자의 작업을 존중하는 수단으로서, 당신이 내담자에게 첫 번째 소품을 제거하도록 할 것을 제안한다. 그런 다음, 치료사는 "제가 도울게요."라고 하면서 정리가 빨리 진행되도록 도울 수 있다.

치료사의 관점과 목적은 남은 회기 시간이 어떻게 사용될지를 결정한다. 예를 들면, 치료사는 우선 내담자에게 비지시적 장면을 만들도록 할 수 있으며, 그다음에 지시적 장면을 이어갈 수 있다. 이는 매체와 친해질 수 있는 시간이 필요한 내담자에게 도움이 된다. 한편, 몇몇 내담자들은 먼저 지시적 장면으로 시작하는 것이 더 좋을 수도 있다. 이는 아마도 불안한 내담자나 '잘 보이려고 애쓰는 성향의 내담자'가 될 수 있다. 매체와 구조적으로(structured) 하는 상호작용은 매체와 친해질 수 있는(매체에 편안함을 느낄 수 있는) 기회를 허락한다. 치료사가 택할 수 있는 또 다른 옵션은 내담자에게 지시적 · 비지시적 형태 중에서 어떤 작업을 선호하는가를 묻는 것이다.

6단계: 모래상자 회기 기록

일반적으로, 완성된 모래상자 장면은 사진을 찍고 내담자 파일에 넣는다. 물론 이는 내담자의 허락이 있어야 한다. 이 사진들은 오랜 기간에 걸쳐 한 내담자의 치료 진행과정을 검토하려는 치료사에게 매우 귀중한 자료가 된다. 추가로, 이 사진 기록은 치료종결을 결정하거나 치료 진행과정의 평가 시에 내담자와 치료사가 함께 검토할 수 있다.

모래상자치료를 마치고 종료를 할 수 있는 소중한 방법은 그 상자들을 찍은 '슬라이드 쇼'를 통해서 이루어질 수 있다(치료사의 데스크톱 모니터나 노트북을 이용해서 볼 수 있다). 이는 긴 여정을 요약하고 종료할 때 사용할 수 있는 전형적이며 강력한 치료 작업이다.

우리는 즉석 사진(Polaroid™)을 이용하곤 했는데, 이는 쉽게 찍을 수 있었고 회기 진행과정 양식(session progress form)에 붙일 수 있었다('부록 A' 참조). 지금의 디지털 시대에서는 더욱 선명하고 깨끗한 이미지들이 사용 가능하며, 사진을 출력하거나, 이미지를 회기 진행과정 양식에 넣을 수도 있다. 즉석 사진은 8-트랙 테이프를 이용하며 왔고, 35mm 카메라를 이용하여 치료사 상담실 밖에서 사진을 출력하였다. 그러나 이는 내담자의 비밀보장 문제가 고려되어야 한다.

내담자 상자를 사진으로 남기는 또 하나의 장점은 이것이 후속 회기에서 토론할 수 있는 기회를 지속적으로 제공한다는 것이다. 어떤 상자가 풍부한 소재를 만들어 내서 그 후 그것에 대해 좀 더 진행해야 할 한두 번의 회기가 더 필요할 수도 있다. 볼 수 있는 사진을 가지고 있는 것이 치료사와 내담자 모두에게 소중한 것이 된다.

또한 내담자에게 자신의 관점에서 장면에 대한 사진을 찍게 하는 것도 매우 유익하다. 내담자의 관점은 의미를 더할 수도 있다. 우리는 하나의 모래상자에 대해서 내담자의 관점, 그리고 임상치료사가 위에서 찍은 관점, 이 두 가지 형태의 사진을 모두 찍었다.

우리는 아동이 자신의 모래상자 사진을 찍는 것을 특히 즐거워한다는 것을 알았다. 이러한 사진들의 출력물은 내담자와 (상담) 종료 시에 사용할 수 있다. 자신의 상담 시기에 대한 책자를 (상담) 종결 활동으로 만드는 것을 즐기는 아동은 대개 자신의 책에 한두 개의 사진이 붙어 있는 것을 매우 좋아한다. 그리고 이 책자는 치료관계 종료 시에 훌륭한 과도적 대상이 될 수 있다.

비용을 줄이려고 하는 (그리고 그러한 필수요건 능력을 갖추고 있는!) 다른 치료사들은 회기 기록 양식의 적절한 직사각형 안에 주요 소품들을 그냥 스케치해 넣는다. 이런 식으로 하는 것이 중요 부분을 남기기에 충분한 경우들도 많다. 그러나 좀 더 철저한 검토를 하기에는 부족할 수 있다. 당시에는 중요하지 않게 보일 수도 있는데 검토해 보면 경향이나 반복되는 상징의 시작으로 인식될 수 있는 측면들이 있다.

여전히 어떤 치료사들은(모래상자에 대하여 가능한 의사소통의 양을 매우 존중하는) 이를 그냥 사진으로 남기는 것을 선호하지 않는다. 나중에 파일을 볼 수도 있는 타인으로부터 내담자의 비밀보장을 고려하는 마음이다. 이러한 임상치료사에게 사진은 회기에 대한 축어적 사본이자 생생한 회기 원고여서 과도하게 침해적일 수 있다. 회기의 기록은 다른 언어적 회기에 대한 기록과 동일해야 한다고 여겨진다. 우리는 '부록 A'에서 몇몇 간단한 임상적 양식을 제공하고 있다.

> 주의사항: 만약 사진이 내담자에게 제공된다면(특히 아동 내담자), 모래상자 장면의 내용에 대해서 임상치료사에 의해서 세심하게 검토하여야 한다. 내담자의 비밀보장에 대한 존중은 항상 중요시되어야 한다.

다른 치료방식들과 마찬가지로, 모래상자치료 회기를 비디오 녹화하는 것이 훈련과 지속적인 슈퍼비전 과정에 도움이 될 수도 있다. 이는 적합한 허가를 받아서 이루어져야 하며, 슈퍼비전 편의성과 내담자에게 '자유롭고 보호받는 공간'을 제공해야 하는 필요성 사이의 균형을 유지해야 한다는 것을 명심해야 한다.

Chapter 6

모래상자치료 회기의 진행과정

모래상자에 표현되는 장면들의 진행과정은 내담자나 치료사 모두에게 강력한 경험이다. 치료사는 내담자의 모래상자에 나타나는 장면의 내용과 그 이전까지 내담자와 상호 교류한 내용을 바탕으로 해서 내담자의 세계를 이해하는 통찰력을 얻을 수 있다. 모래상자에 만들어진 구조물과 소품에 대한 의미나 해석은 내담자 문제나 세대를 막론하고 놀랍게도 유사한 모습을 보이고 있다. 이 사실은 융 학파답지 않은 우리에게도 관심 끄는 일이지만 과도한 해석은 주의해야 할 것이다. John Allan(1988)은 "모래놀이의 주요점은 해석이라기보다 주의 깊게 바라보는 것"(p. 221)이라고 충고하고 있다.

내담자를 위한 모래상자 진행방법에서는 여러 가지 접근이 있다. 앞서 언급하였듯이, 일반적으로 내담자에게 모래상자치료법은 사용하는 목적과 의도에 따라서 창의적인 모래상자 진행과정이 안내되고 그 방향을 갖게 된다. 모래상자를 적용하는 것에 관해서 그동안 우리가 사용해 온 여러 가지 접근방법들을 앞으로 소개할 것이다. 물론 이것이 모든 것에 다 적용되는 포괄적인 방편이라고는 할 수 없다. 다만 독자에게 보다 새로우면서도 부가적인 접근의 가능성이 제공된다는 관점에서 기대하기 바란다.

모래상자치료의 진행은 치료사의 이론적 근거에 따라 달라질 수 있고, 이 점 또한 모래상자치료의 이점이다. 분명 이것은 상호 절충적이라고 할 수 있다. 아들러 학파의 모래치료기법은 훌륭한 생활양식의 분석 도구로 쓰인다(Sweeney, Minnix, & Homeyer, 2003). 언어치료사에게 이 기법은 내담자가 자신의 이야기를 하는 데 도움을 주는 효과적 도구로 쓰이며, 융 학파에게는 정신에 도달하기 위한 통로가 될 수 있고, 인지적 치료학파에게는 비합리적 사고를 살펴보는 도구로, 가족 치료사에게는 가족의 근원적 문제와 소통의 면모를 살피는 도구로 쓰이고 있으며, 이런 현상들은 앞으로 계속 진행될 것이다.

이 장에서는 내담자 유형의 사례 치료과정을 통해 실제적인 문제를 서술하고 다루면서 모래상자치료 진행 사정의 문제를 가볍게 다룰 것이다.

집단이나 부부 및 가족 치료를 진행하는 데 필요한 특별한 제안과 인지 구조적 기법의 통합에 대한 내용은 다음 장에서 다룬다.

은유의 사용

상자의 이야기 내용과 의미의 범위 내에 국한해서 토론을 한다는 것은 대단히 중요하다. 이는 문제해결 과정에서 내담자가 필요로 하는 거리감을 제공해 주는데, 이것이 모래상자치료의 특별한 강점이라고 할 수 있다.

- 내담자는 은유적인 모래상자 장면이라는 안전장치를 통해 자신의 또 다른 어려운 문제를 소개할 수 있다. 이와 같은 소통의 통로를 필요로 하는 내담자는 심리적 불안감 때문에 말로 표현하기 어려운 문제를 설명하지 않아도 되는 모래상자 장면에 구체적으로 나타낼 수 있다.
- 내담자는 스스로 인식하지 못하는 가운데 치료적 단서를 드러낼 수 있다. 모래상자를 진행하는 과정 중에 비로소 '숨어' 있던 단서들이 노출된다.
- 내담자 자신보다는 모래상자와 그 내용들이 토론 내용의 초점이 된다. 내

담자로부터 모래상자로 초점을 옮기기 때문에 내담자는 좀 더 자유롭게 대화할 수 있는 것이다.

그러므로 치료사는 직접적인 해석을 함으로써 모래치료에 필요한 은유나 치료를 위한 완충적 거리를 제거하는 일은 삼가야 한다. 상담자가 너무 과하게 직접적으로 직면시키면 매체를 통해 투사적으로 표현하게 하는 모래상자치료의 의도나 목적을 방해하는 것이 된다.

의미 확장

모래상자를 진행하는 과정에서의 의미 확장은 놀이치료 기술 중의 하나로서 매우 유용하게 쓰일 수 있다. 의미 확장이란, 모래상자를 통한 은유 또는 바로 그 내용이 되기도 하고, 그 의미를 부인하거나 확대하는 것을 말한다. 실험적으로 놀이상자에서 진행된 메시지를 수용하거나 배제하는 방법으로 내담자에게 반영될 때 이는 내담자의 통찰을 쉽게 해 준다. 이와 같은 기법은 모든 연령대의 내담자들이 인식은 잘 하지만 그것을 실제로 깨닫는 데는 서툴다고 하는 철학적 관점에서 비롯된 것이다.

예를 들면, 아동은 많은 정보를 가지고는 있지만 발달단계의 제한된 관점으로만 정보를 해석할 수 있다. 그래서 그들의 세계나 자신에 대해서 잘못된 신념이 내재화되고 쌓이게 된다. 마찬가지로, 성인도 정보를 수용은 하지만 흔히 이전에 그들이 경험한 잘못된 신념을 통한 해석을 계속하게 되는 것이다. 성인이든 아동이든 간에 모든 내담자는 전형적으로 조력자의 도움 없이는 자신의 잘못된 신념을 밝히지 못한다. 이와 같은 이유로 내담자에 대한 반응을 활용한 의미 확장 같은 상담자의 역할이 필요한 것이다.

의미 확장의 첫 번째 단계는 내담자의 세계로 들어가는 것이며, 이를 위해서는 내담자의 관점에서 내담자의 세계를 명확히 이해하는 것이 필요하다. 상담자는 이러한 사실들을 내담자에게 이야기로 반영해 준다. 내담자의 자각을 충분히 이해하는 것을 바탕으로 내담자 문제에 대해 상담자의 다양한 지식을 부연함으로써 의미 확장이 가능하게 된다.

이와 같은 반영들을 통해 내담자가 혼자서 할 수 없다고 여기는 내담자의 잘못된 신념에 도전할 수 있도록 돕는 것이다. 또한 내담자가 잘못된 신념의 새로운 형성을 막을 수 있도록 안내하는 것이며, 더 이상의 잘못을 막아 주게 된다. 과거에 잘못한 실수도 다시 범하지 않게 되며, 오히려 상담자의 의미 확장 기법의 사용으로 자신의 실수에 대해서 잘 통찰할 수 있도록 돕게 하는 것이다.

예외의 경우

내담자가 모래상자 속의 요소들과 자기의 실제 생활을 연결 짓는 것을 주도적으로 하게 될 경우 토론은 모래상자의 은유 내에서 이루어져야 한다는 조건에 예외가 일어날 수 있다. 이렇게 언어로 연결 지으려는 내담자는 해석적인 면에서 그렇게 할 준비가 되어 있는 것이고, 우리는 내담자가 준비가 되면 꺼낼 것이라고 믿는다. 상담자가 연결을 짓는 것에 대한 의지를 내담자에게 성급히 강요하는 것은 내담자의 치료와 개선에 장애가 된다. 치료의 목적은 치료사보다 내담자의 필요성에 부응하는 것이다.

회기의 진행

개인 모래상자의 진행방법은 그 내담자가 성인이거나 청소년 혹은 아동에 상관없이 동일하다. 여기서 분명히 해야 할 것은, 발달단계적인 고려가 적절히 있어야 한다는 것이다.

시작하기

전반적인 진행과정
1. 주제
2. 일반적, 전반적 설명
3. 각 장면에 대한 토론
4. 특별한 소품에 대한 토론

먼저, 첫 접근으로서 가능한 방법을 말한다면, 전반적인 관점과 작업에서 시작하여 좀 더 자세한 방향으로 초점을 맞추어 나아가는 것이다. 즉, 전반적인 상황에 대한 토론부터 시작한 다음 부분적인 것으로 들어가 개별 소품에 대한 것으로 마치는 것이다.

어떻게 시작했든지 관계없이, 만약에 내담자가 어떤 장면을 만들 때 계속 서 있으면 일단 내담자에게 자리에 앉으라고 권한다. 이는 치료사가 내담자에게 편안함을 주는 하나의 소통방법이다. 또한 장면을 설명하는 데 시간을 소요할 수 있다는 것을 알게 해 준다. 그리고 치료사나 내담자 모두 모래상자가 잘 보이도록 의자를 끌어당겨 장면이 만들어진 쪽에 앉도록 한다. 모든 내담자가 그런 것은 아니지만, 대부분은 쉽게 바닥을 확인하면서 만들 것이다. 일부 내담자는 말하면서 모래상자에 소품을 놓기도 하고 만지기도 한다. 혹자는 손으로 모래를 긁기도 한다. 이때 명심해야 할 것은, 이러한 내담자의 모래를 만지는 접촉이야말로 모래상자의 내용들을 통해서 내담자가 자기 진실 고백을 하기 위하여 반드시 필요한 일일 수 있으며, 치료가 가능하다는 단서이기도 하다는 것이다.

사례 1

[그림 6-1]은 40세 된 여성 내담자의 첫 모래상자다. 모래상자를 소개하기 이전에, 그녀는 필자(Linda)와 약 40회기 정도의 치료경험이 있었다. 회기 동안에는 미술기법을 통한 치료경험을 한 적이 있다. 내담자는 혼자 살고 있으며, 고립감 때문에 자살충동을 자주 느꼈었다. 그녀의 치료는 어린 시절 성 학대에 관련된 것이며, 그녀의 어머니는 그녀가 10대 소녀였을 때 사망하였다. 또한 2년 전에는 아버지의 죽음이 있었으며, 성 정체성 관련 문제가 주 호소 문제다. 확대가족이 없는, 가정에서 유일한 그녀는 철저하게 혼자다. 그녀는 어린 시절 중 몇 년은 기억을 못하고 있다.

그림 6-1 나의 인생

"주제는 뭐라고 하면 좋을까요?"

처음에 쉽게 접근할 수 있는 질문 내용이다. 그 주제는 내담자가 세상과 어떻게 소통하고 있는지 또는 자신에 대한 관점이 어떤지를 통찰할 수 있게 하는 장면이나 세상을 나타낸다. 앞 장에서 언급했듯이, 말을 잘 안 하는 내담자조차도 주제를 통해 드러낼 수가 있다. 그것은 '나의 인생'처럼 아주 간단할 수 있다. 또는 "나의 인생: 지금은 어떠한가? 또 미래엔 어떻게 되고 싶은가?"와 같이 모래 작업에 대해서 좀 더 많이 요약 서술을 할 수도 있다.

이러한 질문이 얼마나 중요한가! 폐쇄된 질문들, 즉 "당신의 작품에 주제를 정하고 싶습니까?"와 같다면, 내담자는 아마도 "아니요!"라고 대답할지도 모른다. 그러나 이러한 대답을 치료사가 원하지 않는다면 좀 더 적절한 질문을 해야 할 것이다.

"그것에 대해 말해 주세요."

이 말은 내담자가 모래상자에 대해 전체적으로 말할 수 있도록 하는 초대와 같은 것이다. 만약에 내담자가 주저하거나 저항한다면, 당신은 내담자를 격려하여야 한다. "나는 몰라요. 그냥 그림인데……."라고 대답한다면 "그저 이야기를 만들어 보세요."라고 격려할 수 있다. 그런 이야기 가운데서도 은유적 의미는 여전히 드러날 수 있다. 되도록 자유롭게 말하도록 해야 한다. 촉진적인 반영과 참여는 치료사가 주의를 기울이고 이해해 주고 있다는 것을 내담자로 하여금 알게 해 준다. 치료사는 내담자가 이야기를 마치면 무엇을 했는지에 대해 짧은 요약어로 반응해 준다.

내담자: 음, 이것은 내 삶에 관한 것이에요. 여기는(위쪽 오른쪽 방향 장면을 가리키며) 오늘날 내 모습이에요. 보세요, (팔을 올리고 있는 도널드 덕을 가리키며) 이것이 나예요. 행복하지요.

치료사: 여기서 당신은 행복하군요.

내담자: 네. 그리고 나는 말을 놓았어요. 왜냐하면 항상 말들을 좋아했거든요. 강은 내 미래로 이쪽을 나누었어요. 군인들은 부대로 돌아가고 싶은 내 희망을 재현한 것이에요.

치료사: 그렇군요.

내담자: 우주선은 내가 항상 탐험하기를 바라는 것이지요. 그리고 다른 장소로 가기를 바라고……. 음, 어느 정도는 그것을 표현하고 있어요.

치료사: 그래서 당신은 세 가지의 장면을 보이고 있군요. 이쪽은 지금의 당신모습인데 무슨 일이 있었는지 좋은 기분 상태이고, 강을 가로질러서는 당신의 미래를 두 장면으로 나타내고 있고요. 이것은 (군인을 가리키며) 돌아가야 마땅할 당신의 목적지이고, 또 다른 하나는 좀 더 나중의 미래의 모습이고요. 그렇지 않나요?

내담자: 맞아요.

이 사례는 내담자가 상자를 설명하게 되었을 때 각 영역을 간단히 소개한 것이다. 다양한 장면들을 논의하는 것은 다음 단계에서 일어난다.

"이 장면에서 무슨 일이 일어났는지 좀 더 자세하게 말해 보겠어요?"

이 질문은 내담자가 각 장면을 설명할 때 좀 더 구체적으로 표현하도록 돕는다. 이것 또한 치료사의 관심과 내담자와의 상호작용 속에서 치료과정을 보다 더 풍요롭게 한다. 각 장면을 표현하고 논의하면서 내담자는 상징적인 소품의 의미를 자기 스스로 해석해 가기도 한다. 어떤 것들은 해석하지 않기도 하면서 말이다. 의미를 명료화하기 위한 혹은 추가적인 정보를 얻기 위한 질문을 하는 것이 적절할 것이다.

내담자: 저 인디언 천막집은 내 집이에요. 내가 정말로 갖고 싶은 것이 없어서 나는 이것을 선택했어요. 그리고 이것은 (팔을 올리고 있는 도널드 덕) 나예요.

치료사: 그녀가 서 있는 모습에 대해 이야기해 보겠어요? (비록 도널드 덕을 선택하긴 했지만, 내담자가 여성이기 때문에 나는 이것을 '그녀'라고 불렀다)

내담자: 음, 승리한 편에 있는 것 같아요.

치료사: 그녀는 자신에 대해 매우 좋게 느끼고 있군요. 그녀가 이긴 것처럼! (내담자를 보았을 때 미소를 머금고 있다)

내담자: 네. 기분이 좋아요. (내담자의 미소는 더 퍼져갔다)

치료사: (소망의 우물을 가리키며) 이것에 대해 말해 보겠어요?

내담자: 그것은 우리가 여기서 하고 있는 것과 같은 것이에요. (진지한 모습이 된다) 물통을 우물에 내려요. 그 물통이 냄새나는 검은 기름기를 담아서 다시 올라와요. 그다음에 우리는 기름기가 다 사라질 때까지 부어 버렸어요. 그러고 나서는 다시 물통을 내리지요. 더 건져 내려고요.

치료사: (와! 나는 감동되었다. 그녀가 소망의 우물에 대해서 자신의 이미지, 차가우면서도 신선한 생명수에 대하여 이야기할 것으로 생각했었다. 그러나 그녀의 이미지는 과거 사건들을 직면하고 그것을 통해서 얻은 통찰이었다. 그 소망의 우물은 나머지 치료 기간 동안 강력한 은유로 계속 유지되었다) 당신은 여기에서 많은 작업을 했어요. 어려운 상처들을 기꺼이 회상하면서요.

내담자: (미소 머금으며) 네, 압니다.

치료사: 음, 그러니까 이것이 당신의 현재이군요. 그래서 지금 당신은 어떤지 말해 보세요. (그리고 나는 다른 장면으로 넘어갔다)

이러한 종류의 치료과정은 서두를 필요가 없다. 만약에 질적으로 풍부한 내적 상호작용을 할 어떤 것이 계속 떠오르면 그것을 지속시키고 펼칠 수 있도록 해야 한다. 치료 회기에서 회상하면서 상자의 한 영역을 깊이 다루는 것은 일반적으로 흔하게 하는 일이다. 모든 장면들이 한 번씩 다루어지고 난 후에는 다음 단계로 넘어가서 특별한 소품들에 대해 질문하게 된다. 내담자들은 일반적으로 모래상자 각각의 장면에서 그들이 왜 그 소품들을 선택하게 되었는지에 대해서 설명하곤 한다.

앞서 언급했듯이, 내담자는 왜 만화 캐릭터를 자기 자신으로 선택했는지 그 이유를 설명했다. 자기 자신을 만화 캐릭터로 생각해서가 아니라(물론 그녀는 아직 긍정적인 자기상을 갖고 있지는 않지만) 그 모습이 승리의 편에 서 있기 때문에 자기 자신으로 선택했다는 것이다. 그녀는 모래 장면에서 소망의 우물을 단지 '그 모양이 마음에 들어서' 선택해 놓은 것에 대해서도 말하였다. 또한 그녀는 상담과정 중에 자신의 모래 장면에 대해서 이야기를 나누는 그 순간 "떠올랐어요."라고 하며 자신의 어두운 과거를 다루는 은유적 의미를 직면하게 되었다고 털어놓았다. 이는 내담자에게 흔히 일어나는 공통된 경험이다. 모래장면에서 일반적으로 나타나는 것으로 "그냥 알 뿐이다."라는 주제가 있다. 그러한 장면에 대해서 나중에 이야기한 뒤에야 비로소 그들 스스로도 그 소품의 특별한 의미에 놀라기도 한다. 회기의 후반부에서 상자 장면의 대부분의 내용을 다 이야기한 후에 나는 그 강에 대해 물었다. 두 개의 장면으로 나누어진 모래상자의 형태를 가리키는 동안에 강에 의해서 그 두 개는 각각 다시 둘로 나뉘었다. 그래서 사실은 5개의 영역으로 나누어졌다. 그 강 역시 또 하나의 영역이다. 그녀는 그것을 알지 못했고, 그래서 나는 다음과 같은 질문을 했다.

"내가 볼 때……(그 강에 상어가 있다). 그것에 대해 얘기해 보세요."

내담자: 음, (강을 가리키며) 이것을 보세요. 미래로 통하는 길이에요.

치료사: 그리고……. 이 상어는요?

내담자: 그 상어는 당신을 죽일 거예요. (너무 작은 목소리여서 들을 수 없을 정도로)

치료사: 그래서요.

내담자: 거기에 도달하기 전에……. (의미가 확장된 반응)

모래상자를 그대로 두기

> 내담자들은 종종 의식적으로 그들의 마음을 모래상자에 이미지로 표현한다고 한다. 그들이 간직하고 있던 어떤 장면들을 재경험하는 데 초점을 두기도 하며 또는 그것을 변화시키거나 새로운 장면을 만들어 내는데, 그러한 모습은 다음 기회에 다시 현실로 드러난다(Weinrib, 1983, p. 52).

모래상자 이미지의 지속적인 힘에 대해서는 이미 언급하였다. 이는 내담자가 방을 떠나기 전까지는 내담자 마음속에 장면을 담아두기 위해 그 장면을 해체하지 않는 중요한 이유가 된다. 내담자는 모래상자([그림 6-1])를 만들고 난 후 몇 주가 지나고 난 뒤에 흥분되어 와서는 "이제 이해됐어요."라고 말했다. 그녀는 그 말이 왜 울타리 구역 안에 있는지를 깨달은 것과 관련해서 계속 이야기하였다. 그녀는 그 말이 자유로워져야 되는데 주인의 편의 때문에 잡혀 있으며, 풀려나야 하는 것은 말뿐이 아니라고 말하였다(이것은 모래상자에 대한 이전 설명에서도 있었다). 이제 그녀는 자신이 말이었다는 사실을 깨달았다. 동물은 창조된 그대로 자유롭고 야생적이어야 한다. 사람들 때문에 다치거나, 그들의 통제하에 달리거나, 그들의 편리를 위해 사용되어서는 안 되는 것이다.

남자들에 의해, 그들의 편리와 통제 아래, 그녀 또한 상처를 받았었다. 주어진 그대로의 그녀 모습도 아닐 뿐만 아니라 자유도 허용되지 않았다. 이 통찰은 마침내 그녀를 화나게 했으며, 그녀는 자신이 빼앗긴 것에 대해 슬퍼하기 시작했다. 그 회기 이전까지는 그녀가 성 학대를 당한 것에 대하여 명료하게 전부를 이야기한 적이 없었다. 그 말의 은유적인 의미는 그녀의 아픔과 상처를 포함하고 있는 것이었다. 바로 그날 이후부터 필자는 모래상자치료의 특별한 힘에 빠져들었다.

또 하나의 선택: 치료과정에 초점 두기

내담자의 상자 주제 정하기를 한 후에 치료사가 개인적인 소품들에 대해 특별한 질문을 하는 단계로 이동하는 것은 가능한 일이다. 앞 사례에서 보듯이, 내담자는 매우 정리가 잘된 세계를 만들었다. 그녀가 자신의 세계를 다 만들었을 때 거기에 서로 눈에 띄게 연결된 특별한 장면들이 있음이 뚜렷해졌다. 이러한 모래상자 유형은 통합적인 접근법이 적절하다. 그러나 어떤 내담자 사례에서는 조직화되지 않고 혼란스러우며 공허한 세계를 만들 수도 있는데, 그러한 상자들은 통합적인 접근법을 사용하면서 논의하기가 쉽지는 않다. 다음의 접근법이 좀 더 적절할 것이다.

치료과정에 초점 두기

1. 내담자에게 모래상자 주제를 요청한다.
2. 내담자에게 펼쳐진 장면에 대해 서술해 보도록 요청한다.
   되도록 자유롭게 서술하도록 한다. 모래상자에서 내담자가 자기 자신과 소통할 기회를 최대한 제공한다. 혼란스럽거나 공허한 장면은 내담자에게 다른 의미를 갖는다고 볼 수 있다.

> 1. 모래상자의 주제
> 2. 상자 전체에 대한 서술
> 3. 특별한 소품에 대한 논의

3. 내담자에게 특별한 소품들에 대해 이야기하도록 한다.
   어떤 소품을 내담자에게 가장 먼저 물어볼 것인가를 어떻게 결정할 것인가? 이것은 핵심적인 질문이 된다! 앞 장에서 언급한 것처럼, 치료사는 모래상자의 완성된 장면에 대해 반응할 기회를 갖는다. 이때 시작할 시점으로서 모래상자에 대해 반응하는 것을 활용할 수 있다.
   ① 어느 소품은 무슨 이유로 드러나는가? 나머지보다 크기 때문인가? 작기 때문인가? 다르기 때문인가? 가깝기 때문인가? 등으로 시작하기에 유용

한 시점이다.

② 모래상자에 대해서 어떻게 감정적으로 반응할 것인가? 어떠한 소품이 감정을 떠올리게 하는가? 등으로 시작하는 데 또 다른 적절한 시점이 될 수 있다.

③ 어떤 소품이 내담자를 재현한 것인지를 물어보는 것도 자주 도움이 된다. 이러한 조회는 조심스럽게 말할 것을 권한다. 내담자에게 "여기서 당신은 '어디에' 있습니까?"라고 물어서는 '안 된다.' 이렇게 하면 내담자가 모래상자에 그녀 자신을 놓는 것에 어떤 양상을 띠게 하는데, 내담자가 진실을 표현하기보다는 치료사를 만족시키기 위한 소품을 선택하는 결과를 낳게 할 수도 있기 때문이다. 모래상자에 대한 첫 설명에서 만약에 내담자가 이 주제에 대해 말하지 못할 때는 "당신이 여기에 있습니까?"라고 단순히 질문하는 것이 도움이 된다.

④ 치료적으로 시의적절한 질문을 하려면 "당신이 이 장면에 있나요? 당신을 나타내는 그 소품이 모래상자 안에 있나요? 아니면 아직 선반에 있나요?"라고 하는 것이 좋다.

⑤ 내담자가 이에 대해서 어떠한 말도 하지 않는다면 치료사는 어떤 소품이 내담자를 대표하는지 생각해 보는 것이 좋다.

⑥ 모래상자에 다른 사람들이 나타나 있는지를 질문하는 것도 도움이 된다. 소품들 가운데 내담자의 배우자, 자녀, 친구, 가해자 등 그 밖의 사람들이 자동적으로 포함되어 있을 것이라고 추정해서는 안 된다.

⑦ 어떤 소품이 가장 강력한 힘이 있는가? 가장 큰 소품일 수도 있고, 괴물 소품일 수도 있으며, 군 탱크일 수도 있다. 명심해야 할 것은 내담자는 그 나름의 통찰을 할 수 있다는 것이다.

4. 내담자에게 소품이 말을 하도록 주문한다.

소품은 장면에서 무엇을 말할까? 장면에서의 역할은 무엇일까? 다른 소품과는 어떤 관계일까? 내담자 자신과의 관계는? 등 소품들 간의 대화를 인식하는 일은 도움이 될 것이며, 마치 빈 의자 기법이나 인형놀이치료와 유사할 것이다.

5. 소품의 의미 또는 직관적 성질.

   소품의 전형적인 의미를 이해하는 것은 치료사가 질문할 수 있는 정보를 제공하고, 내담자의 상자에 대한 논의에서 소통할 수 있는 여지를 제공한다.

6. 소품 및 매체와 내담자 간의 상호작용.

   내담자가 모래상자에서 장면을 만들고 있을 때 당신은 무엇을 관찰하는가? 포함시키기에 못마땅해하던 소품을 드디어 사용하는가? 소품을 만지며 두드리기도 하면서 그것을 내려놓기를 힘들어하는가? 특별한 소품이나 소품의 특정 영역을 피하고 있는가?

7. 내담자로 하여금 행동하도록 안내한다.

   앞서 살펴보았듯이, 아동은 모래상자에서 한 장면만을 만들면서 노는 것이 아니라 자주 여러 장면들을 놀이로 나타내곤 한다. 이 과정이 바로 문제를 드러내는 장면으로서 치료적으로 매우 유용한 것이다. 내담자에게 "다음은 어떤 일이 일어날까요?" 또는 "이(소품)것은 다른 것(소품)에게 무슨 말을 할 수 있을까요?" 등의 질문을 할 수 있다.

여기서 두 가지 중요한 요점이 있다. 첫째, 치료사나 문헌들 가운데는 소품들을 상징적 의미화하는 경향이 있는데 내담자의 창조물을 이러한 의미로만 규정짓는 것은 불공평한 일이다. 그들이 몇몇의 공룡 소품들을 사용한 사실은 실제로 최근에 할리우드 영화에서 본 것에 지나지 않을 수도 있기 때문이다. 둘째, 모래상자 안에 있는 소품들을 건드리지 '않는다.' 이것은 내담자에게 거슬리는 일이다. 모래상자 과정 중에 소품에 대해 지적하고 싶을 때는 치료사의 손으로 건드리지 말아야 한다.

이와 같은 것들이 모래상자 과정을 통해서 내담자와 접촉하는 방법이다. 그것은 내담자가 모래상자 장면에서 그/그녀가 뜻하는 의미를 나눌 수 있도록 하는 구조를 제공하며, 치료사에게는 내담자가 보다 더 깊은 의미를 찾아갈 수 있도록 도울 수 있는 방법을 제공한다.

사례 2

13세 된 남자아이가 그 자신이 성적 학대를 받은 것을 보복하기 위해 자신의 집에 있는 어린 위탁소녀를 괴롭혔으며, 그 결과로 치료에 의뢰되었다([그림 6-2] 참조). 그의 부모는 위탁부모이며, 이러한 명확한 상황에 의해 치료를 받도록 필자(Daniel)에게 의뢰되었다. 그의 혼란된 행동 문제들은 학교에서나 집에서나 나날이 증가하고 있었다.

개인적인 모래작업을 더 선호한 이 내담자의 모래상자 사진들을 논의하기 전에, 어머니-아들 회기에 대해 간략히 소개하는 것이 도움이 될 것이다. 필자는 가족들(아버지, 어머니, 그리고 두 아들) 모두 만나 볼 것을 요청받았다. 그러나 어머니는 단 1회만 왔었다. 그녀는 본질적으로 아들만 보기를 원했고, 치료사가 지방 복지센터에 (합의를 잘 하기 위해) 위탁가족은 안전하다고 증명해 주기를 바랐다(말할 것도 없이 어린 위탁소녀는 다른 곳으로 떠났다).

어머니와 아들이 도착했을 때, 필자는 그들이 함께 모래상자를 만들기를 권했다. 모래상자 꾸미기에서는 곧바로 역동이 일어났는데, 아들은 거미나 뱀 그리고 도마뱀을 놓거나 아니면 놓기를 요청하였다. 그러나 어머니는 매번 "안돼!"라고 말하거나 아들이 놓은 것을 치워버렸다. 어머니는 모래상자에 신랑과 신부를 놓았으며, 아들은 그들이 어머니와 아버지인지 물었다. 그렇다고 대답했을 때 그의 아들은 모래상자에 탱크를 주저하지 않고 바로 놓고서, 신랑과 신부를 향해 총을 쏘았다. 이 역동은 반복해서 여러 차례 일어났다. 이러한 행동 뒤에 숨어 있는 은유적인 의미는 확실하게 드러난다. 어머니는 아들을 꼼짝 못하게 키웠으며, 가족의 역동에 대해 말하고 싶어 하지 않았다. 아들이 배치한 '흉측하고 소름 끼치는 벌레'(그의 어머니가 서술한 대로)는 그의 삶 속에서 힘들었던 주제를 다루기 위한 자신의 욕구를 나타낸 은유적 표현이다. 어머니가 이러한 것들을 없애버리는 것은 아들이 힘들어했던 주제를 직면하고 싶지 않은 어머니의 작업 장면들이라고 할 수 있다. 이러한 행동들은 어머니가 언어적으로 표현할 때도 있었다. 그리고 그것은 회기 내내 지속되었다.

[그림 6-2]에 표현된 모래상자는 내담자가 초기 치료과정에 만든 여러 모래

그림 6-2 지구의 우르릉거림

상자 작품 중에서 대표적인 것이다. 그것은 전쟁을 포함하고 있다. 아무도 승리하지 않는 전쟁. 이것은 내담자 입장에서의 감정이 반영된 것임이 분명하다. 탈출구가 없다고 느낀 실제 생활의 심각한 갈등 상황에서 치료가 계속됨에 따라 전쟁으로부터 승리가 강조되었다. 그리고 마침내 탈출구가 제공되었다.

상자에 반영된 이것들은 내담자의 모래상자 장면에서 가장 명확하게 드러난 투사 장면이다. 독자는 두 개의 큰 소품들—뱀과 악어—을 관찰할 것이다. 제4장에서 살펴본 대로, 다른 소품들과 크기 비례가 맞지 않는 모래상자 소품이 있다는 것은 매우 도움이 된다. 내담자가 모래상자에 희생의 주제를 표현할 때 큰 포식동물들이 희생됨으로써 감정적으로(육체적으로도) 학대받고 상처받았던 경험들의 효과적인 은유적 표현으로 쓰일 수 있기 때문이다. 이웃에 사는 두 청년들은 내담자를 괴롭혔으며, 초기 회기에서 표현된 그 상자들 대부분에 나타난 두 개의 큰 포식동물들을 볼 수 있는 것은 아주 당연한 것이라고 할 수 있다. 치료 회기 후반부에서, 그는 두 동물들에게 실제 가해자들의 이름과 똑같은 이름을 지어 주었다(필자가 접수 면접 때 그 이름들을 알고 있었다는 것을 모르는 채).

"이 장면의 주제는 무엇일까?"

내담자는 그 상자에 대한 주제를 '지구의 우르릉거림'이라고 하였다. 이 서술적인 주제는 감정적인 것만이 아니라 내담자가 경험한 상처에 대한 인식을 대변하고 있다. 지진으로 일어난 우르릉거림의 모래작업에 더 보태서(정확히 말하면 통제 불능의 경험들) 청년 패거리들의 싸움이라는 우르릉거리는 갈등도 포함되어 있는 것이다. 이것은 기본적으로 분명히 내담자가 이웃의 청년들에게 학대당할 때 경험한 것들이다.

"여기에서는 무슨 일들이 일어나고 있을까?"

내담자는 그 장면에 대해서 '미래에서 온 사람들이 중세시대에서 싸우고 있는 장면'이라고 서술하였다. 독자는 사진에서 현대적인 군인들과 중세 기사들

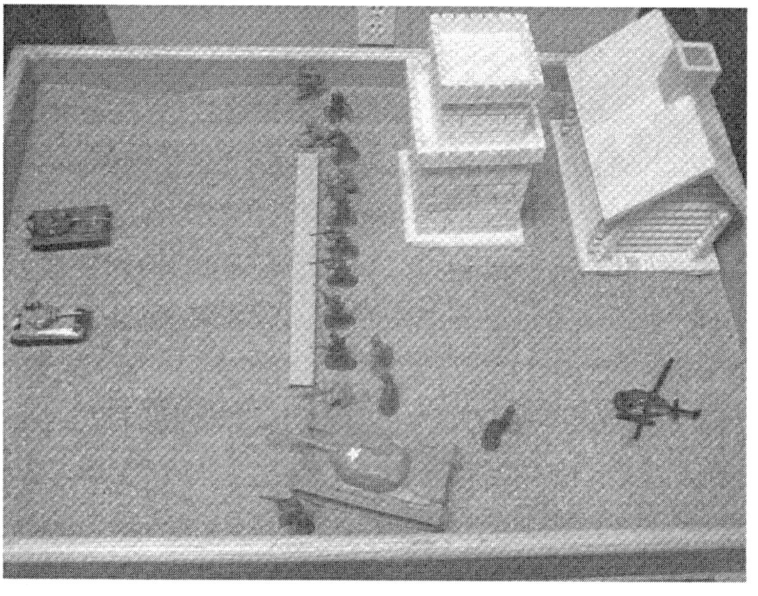

그림 6-3 요새 방어

이 격렬하게 싸우고 있는 것을 볼 수 있을 것이다. 이들—현대 무기를 든 현대의 군인들—은 유리할 것처럼 보이는데도 불구하고 승리자들은 없다고 하였다. 내담자는 이미 자원을 갖고 있음에도 불구하고 희생되었음을 표현하고 있다. 그것은 그의 통제 불능 시에 겪은 상처감에 대한 경험 내용인 것이다.

"네가 이 장면에 있니?"

내담자는 뱀과 싸우고 있는 기사가 자기 자신이라고 말했다. 이 싸움에서 승리자가 없었음을 생각할 때, 내담자는 패배한 전쟁에 집중하고 있는 거대한 남근의 흉측한 창조물을 선택하는 것을 볼 수 있었다.

"여기서 가장 강력한 힘을 갖고 있는 게 무엇일까?"

필자는 '누구'라는 단어 대신에 '무엇'이라는 단어를 사용했고, 그렇게 함으로써 내담자의 선택을 제한하지 않았다. 내담자는 악어가 가장 힘이 세다고 말했다. 내담자는 두 개의 흉측한 것 중 하나를 선택했는데, 그가 상대하면서 집중하던 하나를 선택하지 않은 것을 보는 일은 매우 흥미로운 일이었다. 내담자는 회기 중에 그의 문제들을 말없이 표현하며 진행함으로써 자신의 힘이 강력해지는 것을 느낀다. 우리가 느끼기에는 내담자가 이러한 힘이 생기는 것에 열광하거나 애쓰지 않는 것 같은데 말이다.

모래상자 [그림 6-3]은, 약간의 차이가 있지만, 전쟁 주제가 계속되고 있음을 나타내고 있다. 침입자 두 명이 탱크로 표현되어 있으며, 그들은 방어를 잘하고 있는 요새를 향해 전진하고 있다. 모래상자치료의 강력한 이점 가운데 하나는 놀이라는 은유를 통해서 내담자가 그전에는 다룰 수 없었던 것들을 다룰 수 있도록 한다는 것이다. 혼란감과 상처감에 한창 힘들 때 통제감의 부족은 특히 정서적으로 큰 영향을 미친다. 투사적이면서 표현 가능한 매체를 사용할 수 있는 능력은 내담자가 과거 생활경험 속에서 잃어버린 통제력을 다시 회복하도록 하며 치료를 받아야 하는 행동 측면이나 감정적 증상들을 사라지게 한다.

"이 장면의 주제는 무엇이니?"

내담자는 이 모래상자의 주제를 '요새 방어'로 하였다. 살펴보니까 두 명의 불법 침입자들이 나타나 있는데, 그 전 회기의 사진보다는 눈에 띄게 작아졌다. 이 장면에서 가해자들은 힘이 줄어들었고, 내담자는 방어를 더 잘하고 있다.

"여기서는 어떤 일이 일어났을까?"

내담자는 요새를 공격 시도하는 두 대의 탱크에 대해 서술했는데, 그 요새가 아주 강하게 보호하려고 해서 실패했다고 하였다. 필자는 이 장면에 그가 있는지 질문했는데, 그는 그 요새 안에 있다고 하였으며, 그때 상처 입지는 않았다고 하였다. 헬리콥터가 요새 바로 옆에 놓여 있는 것을 보는 것도 흥미로운 일이다. 은유적으로는 탈출의 수단을 표현하는 것인지도 모른다. 내담자는 이 모래상자에서 여러 가지를 표현하고 있다. 바로 앞에서 살펴본 것처럼, 그는 자신이 성 학대를 받던 당시에는 통제할 수 없었던 것을 모래상자의 판타지 안에서는 통제해 보려 하고 있다. 또한 자신의 상처받은 경험의 틀을 극복하는 기술과 통찰력을 향상시켜가고 있는 모습을 보이고 있다. 치료과정이 이와 같은 방향으로 역동이 일어나면서, 그의 어머니에게서 관찰되던 학교나 가정에서의 부정적인 외현화 행동들이 대부분 진정되기 시작하였다.

과정 평가와 종결 준비

모래상자치료에서의 과정 평가는 치료사가 모래상자 과정에 추가적인 조치를 하는 것을 제외하고는 근본적으로 다른 치료양식과 유사하다. 평가에서는 증상이 줄어드는 것뿐만 아니라 내적 갈등을 해결하는 데까지 성찰하는 것이 중요하다. 또는 심리 내적인 갈등을 해결하기 위해서 증상이 사라지기를 기다리는 것 또한 중요한 일이다.

모래상자치료과정에는 명확한 발달단계적 치료과정들이 있다. John Allan

(1988)은 아동을 위한 모래상자치료과정에서 일반적인 단계들을 논의하였는데, 모든 내담자들의 치료과정을 평가하는 데 도움이 된다고 하였다. 첫 번째 단계는 '혼돈(chaos)'의 단계로서, 누가 봐도 분명히 깊은 생각 없이 내담자가 모래 속으로 소품을 던져 버리기도 하는 단계다. 분명한 것은 모래에서 나타나는 혼란은 내담자의 삶에서 정서적으로 혼란스러운 것들을 투사하는 것으로 본다. 대부분의 결혼 및 가족 치료사들은 상담과정 중에서 가족과 부부에게 일어나는 ' 던져 버리기(duming)'라는 주제에 관해서 익숙할 것이다.

다음 단계로는 '투쟁(struggle)'이라고 서술하였는데, 그중에는 공공연하거나 혹은 숨겨진 갈등이 종종 전쟁 장면으로 서술된다. 이러한 창의적인 과정 초기에는 가끔 양편 혹은 그보다 조금 많은 편으로 나뉘어 서로 전멸시키면서 투쟁한다. 다시 말해서, 누구도 승자가 되지 않는 세상으로 묘사하는 것이다. 그 장면이 한쪽의 승리를 반영한다고 할지라도 그것은 진정한 승자-패자의 입장이 아닌 것이다(예: 내성적이며 순응하는 배우자에 대해 지배적인 상대 배우자). 그것은 패자-패자의 입장인 것이다. 치료사들은 가끔 모래상자 초기 단계에서 (성인이나 아동이) 아무도 이러한 전쟁이나 사고에서 살아남지 못하는 것을 목격하곤 한다. 긍정적인 방향의 진행과정과 상호 관계를 맺어가는 과정을 거치면서 모래상자치료는 세 번째 단계로 옮겨 가는데, Allan은 이를 '해결(resolution)' 단계로 서술하고 있다. 그 단계는 일상생활에서 정상으로 회복되고 있는 것처럼 보이기도 한다. 모래상자에는 좀 더 질서와 균형이 있게 되고, 소품은 신중하게 선택되며 조심스럽게 놓이기도 하고, 내담자는 모래상자 속에서 가끔은 유익하면서 평등주의적인 역할을 맡는 자신을 발견한다.

이는 일반적으로 종결 시기거나 외부의 긍정적인 결과의 확인과정이기도 하다. 모래상자치료에서 치료과정에 대한 평가는 치료과정 내부와 회기 밖 일상생활에서나 둘 다 어느 곳이든 중요하다. 모래상자 구성이나 회기 내 과정에서 고려해야 할 몇 가지 질문 사항들은 다음과 같다.

- 모래상자는 덜 의존적인 것이나 더 자율적인 것을 반영하고 있는가?

- 치료에서 언어적 표현의 양적 또는 질적 증가가 있는가?
- 내담자의 내적 통찰력이 향상되고 자기평가의 내적인 감각이 발전하고 있다는 증거가 있는가?
- 소품들이 좀 더 신중하고 질서 있게 놓였는가?
- 내담자가 모래상자에서 좀 더 손쉽게 자신과 다른 사람들, 그리고 주제와 은유를 구별할 수 있는가?
- 내담자의 모래상자 과정에서 감정적인 반응이 좀 더 예측 가능하고 적절한가?
- 치료사가 내담자의 상자에 합리적이고 적절하게 반응하고 내담자의 반응과 일치하고 있는가?
- 모래 속에 대상물을 묻는가, 묻지 않는가?
- 장애물들(울타리, 벽 등)은 적절하게 사용되었는가?(융통성 없거나 산만한 영역과 반대되는 건강한 경계들을 반영하면서)

치료과정을 평가할 때 평가자는 모래상자치료실 안팎을 모두 고려해야 한다. 평가자는 치료에 있어서의 독립심의 성숙도가 집, 일터, 학교에서 모두 반영되도록 해야 한다. 또한 내담자의 생활에서 좀 더 총체적이며 일반적인 변화들을 기대해야 한다. Sweeney(1997)는 치료적 환경을 넘어서서 일반화되어야 할 뿐만 아니라 놀이회기에서도 여러 형태의 변화들이 있어야 한다고 하였으며, 다음과 같이 내담자의 일상생활에서의 몇 가지 변화들을 제시하였다.

- 문제해결 능력의 증가
- 언어 표현 능력의 증가(물론 이것이 치료사의 전략이 되어서는 안 된다)
- 시도하고 탐색하려는 지대한 자발적 욕구
- 자기 가치개념과 자신감의 증가 및 위축감의 감소
- 불안과 우울감 감소
- 정리 및 조직화 능력의 증가와 혼란된 사고나 행동의 감소에 따른 적절한

반영능력의 증가

- 감정표현 능력의 증가와 타인의 감정 표현에 대한 수용적 인내심 증가
- 공격성의 감소
- 직면에 대한 공포 감소와 협상에 대한 흔쾌하고 긍정적인 반응의 증가
- 돌봄에 대한 자발적 태도 증가
- 좌절에 대한 인내심 증가
- 도움을 청할 수 있는 마음의 증가
- 결정 능력의 증가
- 이야기나 예술작업 등이 포함된 창의적 표현에서의 변화들(p. 146)

앞 장에서 살펴보았듯이, 모래상자치료과정에 대한 내담자의 작품사진이나 슬라이드들을 봄으로써 모래상자 과정을 되돌아보는 것은 매우 도움이 된다. 이러한 치료과정을 통해서 변화된 것뿐만 아니라 주제나 은유가 토론될 수 있다. 또한 과정을 회고함으로써 내담자의 통찰력은 놀랄 만큼 뛰어나게 되며, 이러한 통찰력은 내담자의 치료과정을 종결하는 하나의 수단이자 종결의 준비도를 평가하는 방법이 될 수 있다.

Chapter 7

모래상자치료에서 인지적 기법과 구조적 기법 통합시키기

모래상자치료의 주요한 장점(도움)이 그 표현적인(expressive) 성격과 투사적(projective) 성격에 의해 만들어진 심리 내적 그리고 대인관계의 안전성에 있지만, 모래상자 과정에 새로운 기법과 기존의 기법 모두를 적용할 수 있는 상당한 가능성이 있다. 사실, 모래상자치료의 표현적 · 투사적 요소에서 만들어진 그 안전성이 이러한 적용을 가능하게 한다. 내담자의 발달단계를 존중하는 것은 여전히 중요하며, 내담자를 위해서 통찰력을 교육시키고 제공하는 데 이용될 수 있는 수많은 인지적 치료기법과 구조적 치료기법을 활용할 수 있다.

모래상자와 해결 중심적(solution-focused) 치료 같은 구조적 기법들을 조합시키는 것은 적합하지 않게 보일 수도 있다. 그러나 우리는 이것이 자연스러운 조화라고 주장한다. 인지적 기법과 해결중심적 기법은 종종 인지 사고 및 추상적 사고와 관련 있는 대답들을 요구한다. 언어적 대답을 요구하지 않는 표현적 치료와 조합되었을 때, 이러한 치료는 실제로 더 광범위하게 활용된다.

현재 많은 기법들이 사용되고 있으며 개발되고 있다. 모래상자치료사로서의 독자가 더 많은 기법들을 개발하기 위해서 자신의 자연적인 창의성을 이용할 것이라는 희망을 갖고 이 장은 몇 가지 것들을 고려할 것이다. 우리는 독자에게 새로운 기법과 자신의 치료 개념화 (이론)에 대한 이해를 통합시키도록 하며, 치료과정(기술과 회기 역동)과 내담자의 전반적인 도움을 위한 현재의 연구를 통합시킬 것을 요구한다.

합리적 – 정서 행동 치료(REBT)

REBT는 정서, 행동 그리고 관계 문제의 원인이 사건에서 비롯된 것이 아니라 오히려 사건에 대한 개인의 인식에서 비롯된다는 입장을 취한다. 그래서 REBT의 초점은 내담자가 가지는 비합리적 신념에 있다(Ellis, 2008). Ellis가 개발한 전통적 모형은 A-B-C 모형인데, 이는 나중에 A-B-C-D-E로 확장되었다. 본질적으로, 사건을 활성화하는(Activating) 것이 정서적 또는 행동적 결과(Consequence)를 초래하는 것이 아니라, 오히려 개인이 가지는 신념(Beliefs)이 원인요인이다.

그래서 비합리적 신념을 논박(Dispute)하는 것이 치료이며, 효과(Effect)는 부정적인 결과의 감소나 제거다. 이는 일반적으로 언어적 치료과정이지만, 모래상자치료과정에도 적용될 수 있다. 예를 들면, 다음과 같다.

- 사건 활성화하기(A): "당신을 화나게 한 상황에 대해서 모래상자를 만들 수 있나요?"
- 신념(B): "이 상황에 대해서 당신 자신에게 말한 것에 대해서 모래상자를 만들 수 있나요?"
- 결과(C): "이러한 분노가 무엇인지에 대해서 모래상자를 만들 수 있나요?"
- 논박(D): "달리 대답할 방법은 없을까요? 당신 자신의 분노에 질문해 볼 수 있나요? 이 상황을 다른 방식으로 보는 상자를 만들 수 있나요?"
- 효과(E): "당신이 선호하는 반응 방식은 어떤 것이 될 수 있을까요? 이것이 어떻게 될지 상자를 만들어 보겠어요? 당신이 바꿀 수 있는 것에 대한 상

> 자를 만든다면, 당신은 어떤 것을 기대할 수 있나요/받아들일 수 있나요? 이것에 대해서 상자를 만들어 볼 수 있어요?"

이것은 일련의 독립된 상자일 수 있거나, 장면들이 바뀌는 한 상자의 연장일 수 있다. A-B-C-D-E 과정을 언어화하는 데 어려움이 있는 내담자에 대해서는 모래상자가 효과적인 대안을 제공할 수 있다.

'고통에서 벗어나기' 기법

Mills와 Crowley(1986)는 '고통에서 벗어나기(pain getting better)' 기법이라고 불리는 3부분(three-part) 미술치료를 제안했다. 이들은 자신들의 아동 내담자에게 3개의 그림을 그리도록 했다. ① 고통의 그림, ② 고통이 '모두 나은' 그림, 그리고 ③ 그림 ①이 그림 ②로 바뀌도록 도울 수 있는 그림을 그리도록 했다. 이는 모래상자치료에 훌륭하게 적용될 수 있는데, 특히 자신의 미술 실력에 자신이 없는 사람들에게 적용할 수 있다.

미술기법의 지시사항에 맞추어서, 내담자는 세 개의 모래상자를 만들도록 한다. 내담자에게 하나의 상자에 3개 부분을 만들도록 하는 것도 가능하지만, 종종 심리적으로 필요한 칸막이를 제공하는 것이 더 도움이 될 수도 있다. 모든 연령의 아동에게 사용될 수 있는 3개의 상자는 내담자에게 고통을 투사하는 것을 도울 뿐만 아니라 삶이 실재로 더 개선되고 있다는 것을 고려하도록 돕는다. Mills와 Crowley(1986)는 몇몇 장점을 다음과 같이 설명한다.

> 우선, 이것들은 아동에게 고통을 종이 위 그림으로 전환시킴으로써 고통으로부터 분리되는 것을 돕는다. ……두 번째, 고통에 유형의 이미지를 주는 것은 아동에게 자신이 겪고 있는 것에 대한 느낌을 주는 것이다[미지(unknown)에서 지각(known)으로 이동하는 것]. ……그림 그리기의 세 번째 목적은 감각체

계에서의 전환(switchover)을 용이하게 하도록 돕는 것이다. ……고통이 어떠한가를 그리는 것은 관심(주의)을 분산시키고 풍부한 조력 자원을 제공하는 뇌의 다른 부분을 활성화하도록 돕는다. 그림 그리기의 네 번째 목적은 강력한 암시다. 아동에게 고통이 어떻게 '모두 극복됐다.'로 보이는지를 그리도록 함으로써 치료사는 '모두 극복됐다.'는 것이 존재한다는 것을 암시하고 있는 것이다(pp. 178-179).

해결-중심 '기적 질문'

해결-중심 기법 또한 모래상자치료과정에서의 활용을 위해 잘 적용될 수 있다(Nims, 2007; Taylor, 2009). 모래상자에서 사용될 수 있는 지시적 기법은 해결-중심 '기적 질문(miracle question)'과 유사한데(de Shazer, 1988), 이는 내담자가 옵션들을 개념화하고, 자신의 현재 고통을 초월한 세상을 개념화하는 것을 돕는다.

전통적으로 이는 다음과 같이 여겨진다. "만약 당신이 아침에 일어났는데, 지난밤에 기적이 일어나서 당신이 오늘 여기 가져온 문제가 해결된다면, 당신은 그것이 일어났는지 어떻게 알까요? 그것은 어떠할까요?" 기적 질문은 현재 문제가 없어진 것뿐 아니라 긍정적이고 이상적인 미래를 상상하는 것에 초점을 둔다. 그러나 많은 구조적 기법처럼, 기적 질문은 상당한 구체적인 생각을 필요로 하는데, 이는 내담자가 말로 표현하기 어려울 수도 있다.

간단한 적용은 다음과 같이 될 수 있다. "만약 당신이 아침에 일어났는데, 지난밤에 기적이 일어나서 당신이 오늘 여기 가져온 문제가 해결된다면, 그것은 어떠할까요? 그것을 모래상자에 만들어 볼래요? 그런 일이 일어난 걸 알았을 때 당신의 모래상자가 어떻게 보일지 궁금합니다."

기타 해결-중심 질문들

모래상자 활용에 적용될 수 있는 많은 해결-중심 질문들이 있다(de Shazer & Dolan, 2007). 치료사는 내담자에게 언어적 대답을 묻기보다는 대답을 묘사할 수 있는 모래상자를 만들도록 요구할 수 있다. 가능한 질문들은 다음과 같다.

- "마지막으로 이것이 문제가 되지 않았을 때의 상자를 만들어 보실래요?"
- "이 문제가 훨씬 더 커질 수도 있습니다. 이 문제가 더 크게 되지 않게 하는 방법에 대해서 상자를 만들어 보실래요?"
- "만약 누군가가 당신에 대해 영화를 만들고 있다고 하고, 당신의 문제를 해결하기 위해 영화에 일시정지 버튼을 눌렀을 때 어떤 모습일지 모래상자를 만들어 보실래요?"
- "이 문제가 해결된 후의 당신 모습을 보여 주는 상자를 만들어 보실래요?"
- "이 문제가 해결되었다는 것을 어떻게 알 수 있을까요? 그것이 어떨지 상자를 만들어 보실래요?"
- "지난주—당신이 (논쟁하지, 우울해하지, 행동화하지) 않기로 결정했을 때—어떠했나요? 당신이 그것에 대해서 상자를 만들어 보실래요?"
- "지난주—당신이 (논쟁하지, 우울해하지, 행동화하지) 않기로 결정했을 때—어떠했나요? 당신이 다른 방식으로 대처한 것에 대해서 상자를 만들어 보실래요?"
- "만약 당신이 마치 문제가 없는 것처럼 행동한다면 어떨지를 상자로 만들어 보실래요? 어떤 모습일까요?"
- "상자로 한번 만들어 보실래요? 다시 그 과거로 돌아가기 위해서는 무엇을 해야 할지에 대해서 상자를 만들어 보실래요?"
- "당신이 이 문제를 이겨 낸 것에 대해서 만약 누군가가 축하 퍼레이드를 열어 준다면, 그 퍼레이드가 어떠할지 상자로 만들어 보실래요?"

- "만약 당신의 배우자/친구/가족 구성원이 여기 있어서 당신에 대해서 상자를 만든다면, 그건 어떨까요? 한번 만들어 보실래요?"
- "만약 제가 당신을 묘사하는 상자를 하나 만든다면, 제가 어떤 종류의 상자를 만들까요? 한번 만들어 보실래요?
- "당신을 표현하는 소품을 하나 고르고, 당신이 상담을 받으려고 하는 문제를 표현하는 또 다른 소품을 고른다면, 그것들은 어떤 것들이 될까요? 그 문제를 표현하기 위해서 당신이 선택했던 것을 해결하기 위해 필요한 한 개 이상의 소품을 선택한다면, 어떤 것들이 될까요?
- "일이 잘 풀려갈 때, 그건 어떻게 보일까요? 그걸 상자로 한 번 만들어 보실래요? 이를 누가 처음으로 눈치챌까요? 그 사람에 대해서 당신은 어떤 소품을 선택할 건가요?"
- "당신이 계속해서 일어나기를 원하는 일이 지금 현재 일어나고 있는 상자로 만들 수 있나요? 이 일이 더 많이 일어나도록 하기 위해서 당신이 상자에 무엇을 추가할 수 있을까요?"

그 밖에 가능한 질문들이 더 많이 있으며, 이러한 질문들은 내담자가 언어적으로 대답할 수 있는 질문들이다. 대답하기를 힘들어하는 내담자 또는 그들의 대답이 빠르거나, 간략하거나, 피상적인 내담자에 대해서, 모래상자치료는 반응과 과정에 대한 대안적 장을 제공한다.

역할놀이

많은 이론적 접근방법과 함께 활용되는 기법이 역할놀이다. 모래상자치료 맥락(context)에서 놀이치료와 연극치료 기법들을 활용하는 것은 자연스러운 적용이다. 이런 역할놀이는 기술을 습득하고, 관계를 경험하고, 자기인식을 구축하는 효과적인 수단을 제공한다. 소품을 사용하는 투사적인 과정을 통하면, 연상을 돕는 소품을 접할 때 더 안정적이다. 역할놀이는 자극이 있으나 상자에는 안정성이 있다.

상자의 역할놀이에 대한 예는 게슈탈트(Gestalt) 빈 의자 기법을 활용하는 것이다. 일반적으로 이는 빈 의자에 상상으로 앉아 있는 사람과 상호작용하는 내담자와 관련 있다. 대개, 내담자는 의자 반대편에 앉고, 역할놀이 회기에서 위치를 바꾼다. 치료사는 내담자를 돕기 위해서 소파 역할을 취할 수도 있고, 빈 의자에 목소리를 제공할 수도 있다. 모래상자치료에서, 내담자는 자아와 상상으로 앉아 있는 사람을 표현하는 소품들을 고르기만 하면 된다. 우리는 내담자가 소품들 사이의 대화를 가지는 것이 빈 의자에 이야기하는 것보다 훨씬 더 쉽다는 것을 알았다. 가능하면, 치료사가 3번째 소품의 형태로 대화에 참여할 수 있다. 우리는 내담자가 이 소품도 선택하도록 할 것을 추천한다.

소품들은 다양한 역할을 담당하고, 내담자는 적극적인 모래상자를 통해서 자신의 이야기를 말할 수 있다. 내담자가 실제로 가정폭력을 말로 표현하는 것보다는 가정폭력에 얽힌 소품들의 장면을 해설하는 것이 종종 더 안전하다. 이 시나리오를 따라가면서, 치료사는 이를 재연하기 위한 소품들을 이용하여, 안전한 계획을 세우고 그 계획을 실행하는 것에 대해서 내담자와 토론할 수 있다.

모래상자에서 역할놀이의 이러한 심리교육적(psycho-educational) 역동은 매우 소중하다. 또래 관계 기술이 부족한 아동이나 청소년에게, 필요한 집단치료 이전에 하는 모래상자 역할놀이는 좋은 출발점이 될 수 있다. 내담자가 모래상자에서 소품들의 행동을 통해 자신의 이야기를 한 후, 치료사는 다음과 같이 질문할 수 있다. "만약 당신이 원하는 방식대로 결과가 나온다면, 그것이 어떻게 보일지 또 다른 상자를 만들어 보실래요?" 비록 그 상황이 학교폭력과 관련이 있고 내담자가 폭력적인 보복 장면을 연기하더라도, 치료사는 모래상자를 통해 대안적인 해결책을 탐구할 수 있다.

역할놀이는 치료사에 의해서 또는 내담자에 의해서 이끌어질 수 있다. 내담자가 과정의 감독이나 안무가가 되게 하는 것은 확실히 내담자에게 강력한 힘을 주지만, 치료사가 지도적 목적과 정보를 안내할 목적으로 필요할 수도 있다.

내담자가 자신의 불안을 감당할 수 없기 때문에 치료사가 시작하는 것이 필요할 수도 있다.

척도 질문

모래상자치료과정에 대한 또 다른 적용은 척도 질문이다. 척도 질문은 많은 이론적 배경을 넘어서 흔히 사용되며, 언어적 반응을 요구한다. 척도 질문은 내담자의 자기인식과 치료과정에서 효과적일 수 있다. 그러나 어떤 내담자는 순위를 매기는 것에 어려움이 있을 수도 있고, 자신의 심리 내적 또는 대인관계적 현실과 맞지 않는 자신에 관한 인지적 견해를 가지고 있을 수도 있다.

예를 들면, 내담자는 다음과 같은 질문을 받을 수도 있다. "어떤 사람들은 1에서 10까지의 척도를 가지고 자신의 우울증 수준에 등급을 매깁니다. 당신이 어떤 숫자를 생각해 낼 수도 있지만, 나는 당신이 오늘 얼마나 우울한지를 표현할 수 있는 모래상자를 만들 수 있을까 궁금합니다."

또 다른 예는, 치료 여정에서 자신이 얼마나 멀리 왔다고 생각하는지를 평가하는 것이다. "나는 당신이 치료에서 얼마나 멀리 왔는지에 대한 당신의 평가에 관심이 있습니다. 이걸 측정할 수 있는 한 가지 방법은, 10은 당신이 구하는 해결책을 의미하는 것이고 1이 당신이 상담을 왔을 당시의 상태라고 여기고 등급을 매기는 것입니다. 대신에, 나는 당신이 현재 자신이 어디에 있다고 생각하는지를 보여 주는 모래상자를 만들 수 있을까 궁금합니다."

이를 적용한 것은 다음과 같이 될 수 있다. "오늘, 나는 당신에게 두 개의 모래상자를 만들도록 부탁하고 싶습니다. 첫 번째는 당신이 처음 상담실에 왔을 때 어떠했는지에 대한 장면이 될 수 있고요, 두 번째는 현재 당신이 자신이 어디에 있다고 보는지에 대한 장면이 될 것입니다." 이는 내담자에게 이전의 모래상자 사진을 보여 줌으로써 좀 더 적용될 수 있다. "이 사진은 당신이 상담실에 처음 왔을 때 한 모래상자 사진입니다. 당신은 먼 길을 온 것 같군요. 보세요. 나는 당신이 현재 어디에 있다고 느끼는지를 보여 주는 상자를 만들 수 있을지 궁금합니다."

척도 질문이 치료에서 이용되는 다른 방식은 내담자에게 타인이 자신의 현재 기능 수행을 어떻게 인식할지를 등급을 매기도록 하는 것이다. 이는 내담자에게 상자를 대신 만들도록 부탁함으로써 모래상자에 매끄럽게 적용될 수 있다. 예를 들면, "만약 당신의 배우자/고용주/친구가 여기 있고, 내가 그들에게 당신에 관한 상자를 만들도록 부탁한다면, 그것이 어떠할지 궁금합니다. 물론 힘든 작업일 수 있지만, 그들이 만들 것 같은 상자를 당신이 만들 수 있을까요?"

인지적 왜곡 확인하기

인지치료(cognitive therapy: CT)는 다양한 문제들에 흔히 사용된다. 본질적으로, CT는 행동적 · 정서적 · 인지적 반응에 영향을 미치는 역기능적 해석을 적용하려는 목표를 가지고, 인지적 변화에 대한 토대로서 정보 진행을 적용하는 것이다(Beck & Weishaar, 2005). 주요한 전략은 인지적 왜곡들을 확인하고 적용하는 것이다. 이 왜곡들은 모래상자치료과정을 통해서 확인되고 적용될 수 있다. 다음은 CT의 주요한 확인된 인지적 왜곡들(Beck & Weishaar, 2005), 그리고 이들이 모래상자에서 언급될 수 있는 방법이다.

> 종종 손은 머리로 풀리지 않고 고생하던 수수께끼를 해결할 방법을 알고 있다(Jung 1971, p. 294).

임의적 추론(arbitrary inference)은 "입증하는 증거 없이 또는 논박하는 증거가 있음에도 특정한 결론을 내리는 것"(p. 247)으로 정의된다. 임의적 추론은 자신의 초과근무 때문에 아들의 축구경기를 놓쳐서 부모로서 실패했다고 지각하는 아버지의 상이 모래상자에서 나타날 수 있다. "나는 이 게임에 참석하는 것이 당신에게 많은 의미가 있다는 것을 이해합니다. 그리고 당신과 아들이 실망했다는 것도 압니다. 그러나 만약 당신이 아버지라는 역할과 존재감에 대해 모래상자를 만든다면, 나는 그 장면이 상자의 아주 작은 부분만을 차지할 것으로 생각합니다. 아버지가 되는 것에 대한 상자를 만들어 보실래요?

그리고 당신이 아들과 할 수 있었던 것들에 대한 상자도 만들어 보세요."

선택적 축약(selective abstraction)은 "다른 정보를 무시하고, 맥락에서 취한 세부사항을 기초로 상황을 개념화하는 것"(p. 247)으로 정의된다. 이는 동료의 사무실 위치가 상사와 매우 가까워서 동료가 승진을 했다고 의심하는 내담자의 모래상자에서 나타날 수 있다. "당신이 기대하던 승진을 하지 못한 것은 짜증이 날 겁니다. 그 결정에서 사무실 위치가 얼마나 많이 작용했는가를 판결하는 것은 어렵습니다. 그러나 당신이 그것을 통제할 수 없기 때문에, 당신이 직장에서 다음 승진 시기에 도움이 될 수 있는 변화시킬 수 있는 몇 가지에 대해서 상자를 만들어 보는 건 어떨까요?" 이는 내담자에게 자신들이 통제할 수 있는 것에 집중하고 놓쳐 버린 기회에 대한 다른 가능성을 경험하도록 도울 수 있다.

과잉일반화(overgeneralization)는 "한두 개의 고립된 사건으로부터 일반적인 규칙을 이끌어 내고 이를 너무 광범위하게, 관련 없는 상황들에 적용하는 것"(p. 247)으로 정의된다. 이는 한 여자와 실망스러운 데이트를 하고 모든 여자를 부정적으로 그리는 남자에게서 나타날 수 있다. "데이트가 당신이 생각했던 대로 되지 않은 것 같군요. 이 여자에 대해서 감정이 좋지 않겠어요. 그러나 나는 모든 여성들이 정말 다 그럴까 궁금합니다. 두 쪽에 모래상자로 나타내 보실래요? 한쪽에는 당신이 데이트한 여자에 대해서 어떻게 느끼는지에 대한 장면을 만들고, 다른 한쪽에는 당신이 정말로 관계를 발전시키고 싶은 종류의 여자에 대해서 장면을 만들어 보세요."

의미확대와 의미축소(magnification and minimization)는 "무언가를 실제보다 훨씬 더 중요하다거나 또는 훨씬 덜 중요하다고 여기는 것"(p. 247)으로 정의된다. 이는 자신이 코감기에 걸려서 자신의 프레젠테이션이 실패로 끝났다고 최악의 상상을 하는 여성에게 나타날 수 있다. "나는 당신의 기분이 어떤지에 대해서 이야기를 끌어내려고 하지 않겠습니다. 그러나 나는 다른 무언가를 보고 싶습니다. 당신이 이 프레젠테이션을 하도록 선택되었으니까, 그 발표가 어떻게 되었으면 하는지 바라던 것에 대해서 모래상자를 만들어 보실래요? 그리고 당신의 코감기 때문에 사람들이 무엇을 놓쳤을까요?"

개인화(personalization)는 "원인 관계를 입증하는 증거도 없이 외부 사건을 자신에게로 돌리는 것"(p. 247)으로 정의된다. 이는 자신이 시끄럽고 붐비는 방에서 교수에게 인사를 했는데 반응이 없는 것이 그 교수가 기분이 나빠서이며(그 교수가 모욕을 당해서이며), 이것이 성적에 부정적인 영향을 미칠 것이라고 생각하는 대학원생에게 나타날 수 있다. "교수가 당신을 무시하고 있었을 수도 있고 아마도 다른 많은 것들이 원인일 수도 있습니다. 만약 우리가 모래상자를 8개의 작은 부분으로 나누고, 각각이 왜 교수가 대답을 하지 않았을까를 묘사하게 한다면(그중 하나는 당신이 그를 모욕했다는 것), 다른 가능성들로 나머지 다른 공간을 채울 수 있을까요?"

이분법적 사고(dichotomous thinking)는 "경험들을 하나 또는 두 개의 극단적인 것으로 분류하는 것, 예컨대 완벽한 성공 아니면 실패"(p. 247)로 정의된다. 이는 어떤 조직의 선출직에 출마했는데 낙선하여, 지금은 전문인으로서 실패한 것이라고 느끼는 내담자에게 나타날 수 있다. "낙선한 것은 실망스러운 일이죠—나는 당신에게 그렇지 않다고 설득하려고 하지 않을 것입니다. 당신이 괜찮으시다면 왜 이런 일이 일어났는지에 초점을 두고 싶지만, 지금은 아닙니다. 나는 당신이 자기 직업과 당신이 좋아하는 것들에 대해서 모래상자를 만들 수 있을까 궁금합니다." 우리들이 미루어 생각하기에는 선출직에 출마할 능력이 되는 누군가는 이미 직장에서 확실히 인정받았다는 사실이며, 그 직위에 도달하기 위해 필요한 훈련과 자격 요건을 갖추고 있다는 것이다. 부정적인 상황을 고려하기 전에, 바로 이 점에 내담자가 초점을 두어야 하는 것이다.

결론

모래상자치료는 인지적 · 구조적 기법들의 '경험'을 위한 이상적인 장소다. 많은 내담자들에게, 특히 아동에게 경험은 설명보다 더 많은 가치를 전해 준다. 내담자는 사회 기술, 인지적 재구조화, 불안-초래 요소들에 대한 노출, 문제해결

등등을 연습할 수 있다. 고통을 경험했던 모래상자 소품에 대한 치료사의 간단한 논평이(내담자의 경험을 직접적으로 표현하거나 더 일반적으로 표현하는) 내담자에게 긍정적인 영향을 미칠 수 있다. 몇 가지 예로, "사람들(동물들)은 그렇게 상처를 입어서는 안 됩니다." 또는 "그 동물은 많이 외로웠겠군요. 자신을 보호하지 못했으니……." 이런 논평이 내담자의 심리 내적 고통을 어루만지고 더 깊거나 더 직접적인 과정(치료)을 위한 문을 열어 줄 것이다.

모래상자에서 해결-중심 치료의 적합한 시기(timing)는 중요한 구성요소다. 만약 내담자가 적절한 치료적 안전과 정신 내부의 문제들을 진행하는 것을 경험하지 못했다면, 너무 일찍 너무 지시적인 것은 방해가 될 수 있고 효과가 줄어들 수도 있다. Gil(2006)은 치료사가, 특히 외상 후(posttraumatic) 모래상자 작업에서 빨리 관찰을 하고 싶거나, 질문을 하고 싶은 유혹을 피하도록 권고한다. 만약 모래상자치료사가 기존의 치료적 라포를 이용하지 않고 모래상자 과정을 더 직접적인 방식으로 적용할 수 있는 능력을 이용하지 않는다면, 문제해결을 위한 기회는 상실될 수 있다.

이미 언급하였듯이, 모래상자치료과정에는 수많은 구조화된 기법의 적용들이 있다. 독자들이 이것을 읽고 나서 모래상자치료사가 이러한 무한한 가능성을 이끌어 내는 상상력에 대해 깊게 감명받는다.

Chapter 8

집단모래상자치료

집단은 대단히 흥미롭다. 집단 구성원이 발산하는 에너지는 활기가 넘치고 상승효과(시너지)가 있다. 집단은 관계를 구축하고 의사소통 기술을 발달시킬 수 있는 많은 기회를 제공한다. 집단은 공동체를 발달시킨다. 이들은 다양한 학습, 자아인식 발달시키기, 자기공개에 대한 자발성, 서로의 세상으로 들어가는 능력, 그리고 타인에게 자신의 세계로 들어오도록 하는 능력 개발하기를 촉진한다.

모래상자치료 집단에는 몇몇의 유형, 즉 집단 세팅 내에서 작업하는 개인들, 동일 연령 집단, 가족 집단, 부모-자녀 집단, 형제자매 집단, 슈퍼비전 집단, 개인적 성장 집단(personal growth group), 전문성 개발 경험 등이 있다.

다양한 집단모래상자치료 방법들이 있다. 제7장부터 제9장까지 논의하는 기법 중 많은 것이 집단 작업에 적용될 수 있다. 모래상자치료의 장점들 중 하나는 이것이 이론-교차적으로 활용될 수 있으며, 다양한 기법에 적용될 수 있다는 것이다. 이 장에서 살펴보는 역동 중에 몇몇을 인식하면서, 우리는 독자에게 모래상자치료과정에 많은 집단기법들의 적용을 경험하도록 권고한다. 우리의 다른 책 *The Handbook of Group Play Therapy*(Sweeney & Homeyer, 1999)를 읽어 보는 것에 덧붙여, 우리는 모래상자치료과정에 전통적이고 새로운 기법 모두를 적용하기 위하여 기본적인 집단치료 자원(resources)을 조사하기를 제안한다 (Corey, Corey, Callanan, & Russell, 2004; Fehr, 2010; Jacobs, Masson, & Harvill, 2008; Liebmann, 2004; Viers, 2007 참조).

집단과 작업하기

모래상자치료 집단경험을 전개할 때, 집단의 목적을 분명히 확인하는 것은 집단 구성원을 선택하는 데 도움이 된다. 한 집단을 만들기 위해서 몇 가지 상기할 것이 있다. 발달 연령을 명심하라. 만약 아주 어린아이들과 작업한다면, 2~3명이 충분하다. 어린아이는 협동놀이와 개인놀이를 왔다 갔다 하기 때문에, 그 집단경험은 아마 현재 회기를 유지하는 쪽으로 흐르게 될 것이다. 그들은 이러한 형태의 놀이를 왔다 갔다 할 것이다. 때로 같은 시간에 같은 방에서 일어나고 있는 두 개의 독립적인 모래상자치료 회기를 유지하고 있다는 기분이 들 것이다. 더 어린 아이들에게는 성별을 섞는 것이 적절하다. 좀 큰 아이들로 이루어진 집단에서는 단일-성별 집단이 더 적합하다. 이는 회기 중에 상호작용을 복잡하게 하는 성적(sexual) 문제의 역동이 확대되는 것을 막아 준다. 가족 모래상자치료 집단은 가족의 모든 구성원들로 하여금 다양한 발달 연령과 충분히 관계할 수 있는 기회를 제공한다. 가족치료 회기야말로 포괄적이다.

집단 공간 설정하기

당신이 집단모래상자치료를 하고 있는 공간의 넓이가 집단의 크기를 정할 것이다. 집단 구성원들이 모래상자 주변과 수집 소품 사이로 왔다갔다 신체적으로 움직이기 위해서는 충분한 공간이 있어야 한다. 수집 소품들은, 이 책의 앞에서 언급하였듯이, 잘 정리되어 있어야 한다. 더 많은 사람들이 소품을 이용할 것이기 때문에, 충분히 적합한 소품이 있어야 한다. 그러나 소품이, 가령 4명의 집단을 위해서 일반적 소품의 4배 크기가 될 필요는 없다. 소품 각각을 4개씩 갖추어야 할 필요는 없다. 집단과정의 장점은 제한된 자원을 공유하고 관리하는 것을 배우는 것이다. 소품이 내담자의 언어, 상징이며 그리고 은유를 발달하기 위해서 사용되는 것이라고 믿기 때문에, 우리는 집단 구성원들이 자신들을 표현하기 위해서 충분하고 다양한 소품을 가질 필요가 있다고 생각한다.

만약 학령 전기 아동과 작업을 한다면, 깊은 상자가 모두를 위해서 더 도움이 될 것이다. 어린아이들은 상당히 활동적이어서, 마치 소품으로 놀이치료를 하듯이 모래상자의 재료들을 계속 움직인다. 모래는 놀이의 일부로서 종종 여기저기 날릴 것이다. 모래를 흘리는 것은 정상적인 연령에서 나타나는 적합한 활동이기 때문에, 이러한 상황에서 한계를 설정하는 것은 적절하지 않다. 그러므로 상자가 깊으면 실수로 모래를 흘려서 산만해지는 것을 방지한다.

> ……만약 당신과 6명의 동료가 당신이 집단 내담자에게 제공하는 소품을 가지고 1년 동안 매주 한 번 같이 놀 수 있다면 그리고 당신들이 간신히 자신들을 표현할 수 있다면, 당신의 대학은 그들의 진단과 상관없이 7명의 아동이나 성인 집단에 적합한 것이다(De Domenico, 1999, p. 226)

집단경험을 위해서 조립될 수 있고, 다음에 다시 필요할 때까지 치워 놓을 수 있는 집단모래상자를 구성하는 것이 수월하다. 모든 것은 가정용품가게에서 찾을 수 있으며, 목수 기술은 필요하지 않다. 2개의 6피트 길이의(약 1.8m), 1인치(약 2.5cm)×4인치(약 10cm)의 나무를 반으로 잘라 달라고 한다. 이것들은 모래상자의 4면이 될 것이다. [그림 8-1]처럼, 4개의 나무 조각을 단단히 유지하기 위해서, 코너 죔쇠(상점의 목공 코너에 있음)를 이용하라. 내부 벽면에는 파란 천을 드리우고 놀이 모래 두 자루를 채워라. 어떤가! 당신은 3피트(약 0.9m)의 정사각형 집단모래상자를 갖게 되었다. [그림 8-2]처럼, 이 크기는 쉽게 5~7명의 사람들을 수용할 수 있을 것이다. 5갤런(약 19리터) 양동이도 가정용품가게에서 살 수 있다. 다음에 다시 사용하게 될 때까지, 모래, 파란 천 그리고 코너 죔쇠를 이 양동이에 보관하라.

집단모래상자치료사들은 종종 집단모래상자를 인위적으로, 일시적으로 나누기를 원할 수도 있다. 예를 들면, 곤경에 빠지거나 해체된 가족들과 작업할 때 또는 개인 상자에서 집단모래상자로 전환할 때 이것은 소중하게 사용될 수 있다. 집단모래상자는 맞춤못(dowel)을 이용해서 쉽게 나눌 수 있다(맞춤못도 가정용품가게에서 구입 가능하다. 여기서 맞춤못을 요구하는 길이로 잘라 줄 것이다). 18인치의 맞춤못을 이용해서 3피트×3피트(0.9m) 모래상자를 여러 방면으로 활용할 수 있다. 예를 들면, 4명의 가족을 위해서 상자를 4개로 나눈다. 처음에 각 가족 구성원은 작업할 수 있는 자기 자신만의 공간을 가지고 있지만, 여전히 더 큰 가족 상자 내에 참여하고 있는 것이다. 치료과정의 적합한 시기에, 칸막이(divider)는 부모 하위체계(subsystem)를 위한 공간을 가지기 위해서 그리고 아이들 하위체계를 위한 또 다른 공간을 가지기 위해서 재구성될 수 있다. 가족은 이러한 하위체계들을 재편성하는 작업을 할 수 있는데, 이는 종종 많은 체계 문제들에 의해 혼란해진다. 마지막으로, 모든 칸막이는 가족이 모래상자에서 총체적으로 구성할 수 있게 제거할 수도 있다.

그림 8-1 집단모래상자의 코너(모서리)

그림 8-2 집단모래상자의 사용

집단 세팅에서 개인들과 작업하기

집단상담을 위한 하나의 포맷은 개인에게 하나의 집단 세팅에서 그들 자신의 개인 모래상자에 작업하도록 하는 것이다. 이는 분명히 병행놀이(parallel play)의 한 형태다. 이 계획은 전체 집단경험을 위해 이 포맷을 이용할 수 있다. 또한 이는 과정의 적절한 시기에 집단 내의 개인들을 집단모래상자로 전환시키기 위해서도 이용할 수 있다. Teresa Kestly(2001, 2010)는 한 집단 내에서 개인 작업이 이루어지는 집단 과정에 대해서 저술하고 지도했는데, 그녀는 이를 '개별모래상자 집단'이라고 불렀다. Kestly는 2~6명 이상의 집단을 추천한다. 더 많은 수의 아동들로 이루어진 집단은 한 명 이상의 집단 조력자(group facilitator)를 필요로 한다. Kestly는 만약 큰 집단의 아동들과 작업한다면 개인 상자에서 큰 공동(communal) 상자로 이동할 준비가 되었을 때 4~5피트 정사각형 또는 4~5피트(약 1.5m) 지름의 큰 집단 상자가 바닥에 놓여야 한다고 제안한다. 그녀는 매주 한 시간 정도 10~12번의 회기를 추천한다. 더 어린 아이들(유치원과

초등학교 1학년)은 45분이 적합하다. 이 회기들은 만들기 시간으로 시작하며, 할당된 만들기 시간이 종료되기 5분 전에 알려준다. 나머지 15~20분은 자신들의 상자에 대한 이야기를 공유하는 데 사용된다. 그녀는 어린아이들은 다른 이들이 자신들의 상자 이야기를 할 때 조용히 있기가 어렵다는 것을 상기시켜 준다. 이러한 연령에 적합한 상황을 잘 고려해서, 치료사는 어린 아이들에게 다른 이들이 말할 때 자신들의 상자에서 조용히 놀도록 해야한다. 치료사는 아동이 자신의 이야기를 할 때 그 아동을 돕기 위해서, 그리고 다른 아동들의 주의를 집중시키고 다른 아동들이 방해되지 않도록 하기 위해서 치료적 촉진을 활용할 필요가 있다. 제11장에서는 Kestly의 프로토콜의 일부에 기초한 연구 내용을 제공하고 있다.

> 집단모래상자는 안전, 소속감, 타인과의 관계 속에서의 자아 경험을 독려하는 치료 환경 내에서, 특히 병행놀이와 공동놀이 모두를 활용하기 위해 고안된 치료다 (Kestly, 2001, p. 261-262).

Gisela De Domenico(1999)는 집단모래상자 세팅에서 개인적으로 작업하는 아이들의 행동을 논하였다. 그녀는 집단 구성원이 서로의 상자를 볼 때, 이들은 다른 집단 구성원의 '세상'에 존경을 보인다고 이야기한다. 서로가 상자 만들기에서 보여 준 독창성에 대해 평하면서, 아이들은 서로의 세상을 '방문'하기를 좋아한다. 아이들은 작업의 갈등을 해결하는 것을 서로서로 도왔다. 아이들은 다른 아이들의 이야기를 경청한다. 집단경험이 도움이 되면서, 아이들은 다른 아이들과 상호작용하는 자기 자신의 새로운 방법을 익혀 나갈 수 있다.

Yalom(2005)의 치료 요인들(therapeutic factors)을 적용하면서, 집단 구성원은 자신들의 상자에서 유사성을 감지한다고 하였다. 이 보편성은 소품과 의미 모두에 있어서 주요한 역동이다. 집단 구성원이 다른 구성원들의 상자를 살펴볼 때, 일정한 양의 모방 또는 '오염'이 한 사람에서 다른 한 사람으로 전해질 것이다. 예를 들면, 5학년 아동 집단에서, 한 소년이 작은 파란색 용기 또는 상자를(과일이 담긴) 모래에 놓고 물을 채웠다. 그 결과, 이는 다른 모든 소년의 상자에서도 나타났다. 일반적으로 혼자가 아니라는 학습이 집단모래상자치료에서도 나타난 것이다. 이러한 역동은 은폐 성향과 고립감이라는 요소를 생각하게 한다. 이러한 것은 구성원들이 집단경험을 함으로써 '다르다'라는 감정을 없애 준다. 자신의 것과 같을 수도 있고 매우 다를 수도 있는 다른 이들의 경험에 대한 통찰력을 갖추는 능력 또한 일어난다. 이러한 다른 견해를 용인하는 것은 감정이입과 타인에 대한 존경 발달에 중요하다.

고급 수준의 개인 작업에서 공동 모래상자로 전환하는 것은 더 많은 신뢰, 인내, 신념, 타인에 대한 관심, 그리고 타인의 태도와 행동에 대한 인내를 요구한다(De Domenico, 1999). 집단 자아(group ego)가 발달하고, 자신의 행동이 다른 이들에게 미치는 영향에 대한 구성원의 이해도 발달한다.

집단 국면들

De Domenico(1999)는 집단모래상자치료의 국면들(phases)을 확인했다. 이 국면들은 일반 집단 진행과정과 단계에서는 대체로 유사하다. 시작 또는 초기 국면에서 구성원들은 긴장하고, 두려워하고, 불안해한다. 구성원들은 각각 영역을 주장하고, 소유욕이 강하다. 우리는 이 시기가 집단 구성원이 어떻게 적응할지, 공유하는 것이 안전할지, 어떠한 집단 규칙을 따라야 할지를 찾으려고 노력하는 시기라는 것을 알고 있다. 치료사의 역할은 목격자의 역할이고, 과정을 반영하는 것이지 해석하는 것이 아니다. 공유함으로 해서 안전감이 생기고 그 결과로서 진정한 반응을 보이게 된다. 공감과 호기심이 증가한다. 집단 구성원은 자기 자신의 공간을 주장하는 방법을 배우고, 상자와 집단과정에 기여하는 방법을 배운다. 개인적 · 사회적 책임에 대한 개념을 경험하면서, 집단 구성원은 세상에 미치는 자신들의 독특한 영향에 대해서 배운다. 모든 구성원이 같은 상자에서 작업하기 때문에 이 단계는 자기 자신의 공간에서 각자가 작업하는 것이 특징이다. 모래상자 결과물 사이에는 어떠한 관계도 존재하지 않는다. 마치 각 집단 구성원이 다른 구성원들의 만들기에는 아무 관심도 갖지 않고 자기 자신의 만들기만 하는 것과 같다.

과정이 진행되면서, 집단 응집(cohesion)이 나타난다. 두 번째 단계는 거부, 배제, 포함 그리고 지원(도움)에 대한 필요성을 둘러싼 집단 구성원들의 문제가 특징이다. 소속감이 증가함에 따라, 구성원은 만들어지는 '세계'에 대한 집단의 비전을 더 많이 인식한다. 집단의 수용이 증가함에 따라, 집단 아이디어 전개에 참여하는 것이 증가한다. 여전히 개인이 자기 자신의 영역에서 모래상자를 만들기 때문에, 이것이 상자에서 나타날 것이다. 그러나 집단 구성원은 각자가 만들고 있는 것을 토론하기 시작하고 상자에 부차적인 재료들을 추가하기 시작할 것이며, 인위적인 방식으로 개인 소품에 다리(bridge)를 놓거나 소품들을 서로 연결하기 시작한다. 만약 집단이 집단 상자(group tray)의 스토리를 말한다면, 그 이야기는 어떤 면에서는 서로 연관될 것이지만, 연결이 잘 안 되고 일관성이 없을 것이다. 우리는 집단 구성원이 의식하기 전에 또는 그것에 대해서 이야기하기 전에, 개인 문제가 모래상자에서 스스로 드러난 것을 보게 된다.

3단계는 개인이 소품을 고르는 단계이며, 그다음은 이 소품을 모래상자에 배치하기 전에 또는 모래상자에 배치하면서 떠오르는 이야기를 나누는 단계다. 이야기가 전개됨에 따라, 더 많은 소품들이 이야기의 응집력을 증가시키기 위해 추가된다. 이는 일반적으로 작동 단계로 불린다. 집단이 특정한 치료 문제에 초점을 맞추기 위해서는 직접적인 지시가 더 가치 있다.

4단계는 집단 구성원이 자신이 창조한 공동체 의식을 갖는 시기다. 이는 협동 발달과 관계 발달로 확인된다. 집단 구성원들은 자신들의 집단 세계의 상승효과에 관해서 흥분을 드러낸다. 구성원들이 자신들의 소품을 선택하고 대화를 나누면서 모래상자는 더욱 뚜렷한 특징을 나타낸다. 소품과 이야기의 결합은 훨씬 증가한다.

> 당신은 눈앞에 전개되는 인간 문명의 역사를 보게 될 것이다(De Domenico, 1998, p. 277).

마지막으로, 5단계는 통합된 이야기가 특징이다. 집단 구성원은 이제 소품을 고르기 전에 상자에 무엇을 만들 계획인지를 토론할 것이다. 상자는 이야기를 염두에 두고 만들어지며, 계속해서 이야기는 변화하고 적용될 수 있다. 모래상자는 분명히 공동체 중심이며 관계적이다.

연구

집단모래상자치료에서의 연구는 드물지만 증가하는 중이다. 여기서 언급하는 연구들은 제11장에서 좀 더 자세히 설명한다. 성인 집단에 대한 경험적이고 질적인 연구에서, Hughes(2004)는 "유동적이고(flexible), 소품으로 이루어지고, 유형적인 세상"에서 사실을 공유하며, 성인은 우뇌를 의식적 · 무의식적으로 활용한다는 것을 밝혔다. Hughes는 집단경험이 통찰력 공유를 증가시키고 관계 역동을 개선한다고 언급했다.

Homeyer, Poe와 DeFrance(2004)는 5학년 남자아이와 여자아이 집단과 함께 시험 연구를 마쳤다. 여기서는 중간 효과 크기가 있었다. 집단에는 특수교육을 받는 학생과 상담 서비스를 필요로 하는 학생을 포함했다. 집단모래상자치료 회기 구성은 Kestly(2001, 2010)의 형식으로, 개인 상자 만들기에 이어, 집단 구성원들에게 상자에 대해서 이야기하도록 하는 형식을 따랐다. Flahive와 Ray(2007)는 행동장애를 가지고 있는 4~5학년 학생들과 집단모래상자치료를 했다. 이들은 Homeyer와 Sweeney(1998)의 6단계 프로토콜을 이용했다. 흥미롭게도, 전반적인 점수와 내재화(internalizing) 점수 영역에서 사전 개선이나 사후 개선은 없었으나, 모래상자집단이 통계적으로 달랐던 전반적인 점수와 내재화 점수 영역에서는 통제집단(control group)이 훨씬 더 많은 행동문제를 경험했다. 통계적 개선이 바로 이 외현화 행동(externalizing behavior)에서 일어난 것이었다.

Shen과 Armstrong(2008) 또한 7학년 여학생들과 집단모래상자치료를 연구했다. 이 집단은 청소년기 이전의 여자아이에 대한 문제에 특정한(특별히 맞추어진) 각각의 회기에 대해서 주제를 가졌다. 여자아이들은 자존감에 대한 6개 하위척도(subscale) 측정에서 5개가 개선되었다. 이 연구는 다른 문화적 배경을 가진 초기 청소년기 여자아이들의 자존감 개선을 지적한 첫 번째 연구 중 하나일 수 있다.

Chapter 9

부부 및 가족 모래상자치료

모래상자치료를 활용하기 위해 전문적으로 모래상자치료를 수련받은 전문가가 필요하듯이, 이 치료를 부부 및 가족을 대상으로 활용하기 위해서도 부부나 가족을 대응할 수 있는 치료에 대한 전문적인 지식이 필요하다. 관계의 역동성, 의사소통 기술, 가족관계, 인간발달을 비롯해 부부나 가족 치료에 적용되는 여러 기법들을 수련하는 것이 중요하다.

부부 및 가족을 대상으로 한 모래상자치료는 흥미로운 전망을 갖고 있다. 모래상자치료를 적용하여 전통적이거나 새롭게 활용되고 있는 부부 및 가족 치료 방법으로 다양하게 접근할 수 있으며, 치료과정에서 나타나는 내담자 간의 의사소통 방법을 관찰할 수 있기 때문에 치료사에게 유용한 자료가 된다. 또한 내담자에게 나타나는 문제를 치료사에게 더욱 쉽게 표현할 수 있는 방법이 되기도 한다.

부부 및 가족 치료는 모래상자치료사를 포함한 모든 정신건강 전문가에게 접근하기 어려운 분야다. 부부나 가족 구성원 중 적어도 한 명이 치료에 응하지 않거나 참석할 필요성을 느끼지 못하는 경우가 흔하게 관찰되기 때문이다. 또한 대부분의 부부나 가족은 위기가 발생하기 전까지 해결 방안을 찾는 것을 미루다가 자신들의 문제에 이미 많은 사례들이 겹치며 커져서, 매우 복잡한 상태로 발전되고 난 후에 전문가를 찾아가기 때문에, 관계가 상당히 악화된 상태에서 나타나는 서로 간의 의사소통이나 반어법을 활용한 표현들을 접하기 힘들 뿐더러 해석하기도 쉽지 않다(Sweeney, 2002). 대화하기를 꺼리고 의사소통으로 문제를 서로에게 이해시키는 데 한계를 느낀 내담자를 위해 모래상자치료법과 같은 비언어적 치료방식은 유용하게 사용될 수 있다.

> 가족 치료사들과 놀이치료사들은 고결한 특성을 공유한다. 그들은 단연코 현존하는 치료사 중 가장 창조적이고 역동적인 치료사들이다(Gil, 1994, p. 34).

개인의 모래상자로, 또는 공동 모래상자로 모두가 함께 치료에 참여함으로써 내담자는 자신만의 '세계'를 표현할 기회를 갖는다. 이 활동을 통해 각각의 내담자는 다른 가족 구성원과 치료사에게 자신의 의사소통 방법이나 가족 간의 관계를 관찰할 기회를 준다. 이 과정에서 생기는 가족 구성원의 관여하는 반응이나 대응하지 않는 무관심은 각각의 내담자에게 구성원이 미치는 영향과 서로 간의 관계에 대한 가치관을 알려 주는 것이다.

치료 중 핵심 문제를 피하기 위한 내담자의 몸부림은 어느 누구에게나 일어나며, 이에 따라 또 다른 문제가 시작되곤 한다. 이 기회를 통해 우리는 가해자나 희생양으로서 느끼는 감정이나 그들의 문제에 관련되어 있는 다른 구성원이 느끼는 감정을 파악하여 문제를 해결해 나갈 수 있다.

가족 치료에서 Sweeney와 Rocha(2000)는 "가장 발달이 낮은 구성원"을 고려하여 그들이 동참할 수 있는 적합한 수준의 치료 방법을 사용해야 한다고 주장하였다. 이들이 일컫는 "가장 발달이 낮은 구성원"(Sweeny, 2000)은 가족 구성원 중 정신적 · 신체적으로 가장 발달하지 않은 구성원을 표현한다. 이 구성원은 어린아이뿐 아니라 청소년이나 어른일 수도 있다. 아동이 가족관계에 긍정적 혹은 부정적 영향으로 기여할 수 있는 요인임을 부인하는 사람은 거의 없다. 하지만 가족 치료를 받는 대부분의 가족들은 아동을 제외한 치료방식을 고려하고 있다. 모래상자치료법은 가족 구성원 모두가 참여할 수 있도록 "발달단계가 다른 각 구성원도 동등한 방법으로 평등하게 표현할 기회"를 주며, 그들 사이의 동맹관계, 세대별 유형 그리고 성격 발달단계를 엮은 한 가정의 설계도를 작성할 수 있게 도와준다(Sweeney & Rocha, 2000, p. 36).

원가족(family-of-origin) 문제 또한 모래상자치료의 은유적 과정을 통해 드러난다. 원가족 문제는 주로 가정의 어른으로부터 유발되는 문제로서, 그들이 살고 있는 가정에 엄청난 영향을 미친다. 내담자는 간혹 원가족 문제의 영향력을 모르고 있거나 인식하려 하지 않는 경우가 있으므로 가족 구성원 각각의 원가족을 고려하는 것은 치료사의 책임이다.

모래상자치료과정은 원가족 문제를 발견하고 변화를 위한 안전하고 효과적인 장을 만들어 준다. 게다가, 배우자와 가족 구성원은 다양한 성격특성과 의사소통 형태를 일상적인 관계 역할에 적용한다. 부부 및 가족 치료의 일반적 목표는 협동과 협상을 포함하기 때문에 성격과 의사소통을 서로 이해하는 데 상당한 도움이 된다.

전략, 체계, 경험 그리고 행동을 포함한 가족 치료의 다양한 수업과정의 치료과정에서 모든 연령대의 가족들이 적극적으로 참여하도록 권장한다(Chasin, 1989).이러한 활동의 예로 가족 조각(Family sculpting; Papp, Silverstein, & Carter, 1973) 및 구조적 가족 치료의 제정(structrual therapy's enactment; Minuchin, 1974)이 있다.

가족 치료에서 배우자나 몇몇 가족 구성원 각자가 자기-보고로 작성한 보고서로 추정하기보다 아동을 포함한 모든 가족 구성원의 참여는 의사소통, 역할, 협동 그리고 삼각관계를 관찰할 수 있는 기회를 준다.

이는 치료사가 가족 형태 내에서의 상호작용의 복잡성을 조망하고 가족 역동성이 개인의 발전과 가족 생활주기의 요구에 따라서 어떻게 영향을 받고 있는지 관찰하는 데 도움이 된다. 모든 가족이 치료를 받아야 하는 경우라면, 당연히 모든 가족들이 포함되어야 하고 그렇게 함으로써 쉽게 변화가 일어날 수 있다.

Guerin, Fay, Burden과 Kautto(1987)에 따르면, 상호작용의 흐름은 모래상자치료과정에서 더욱 분명해진다. 갈등 상황에 놓여 있는 결혼생활은 일반적으로 밀고 당기는 식의 형태를 나타낸다. 이는 어느 정도의 수준에서는 부부나 상담자에게 명료할 수 있고, 모래상자에서 좀 더 확인할 수 있다. 상호 간 형태의 확인은 부부갈등의 해결에 매우 중요해서 새로운 관계 및 의사소통 기술을 가르칠 수 있도록 한다. 모래상자치료는 치료의 평가척도 및 훈련도구로 사용될 수 있다. 부부 및 가족과 함께하는 모래상자치료의 다른 이점은 자연스럽게 그 어떤 배우자 또는 가족 구성원도 초점에서 벗어나지 않도록 한다는 것이다. 가족 치료사는 항상 지목된 희생양의 내담자를 알고 있어야 하고, 한 명에게 관심이 집중되지 않도록 해야 한다. 표현적이고 투사적인 특성이 있는 모래상자치료는 지목된 내담자를 덜 집중될 수 있도록 한다.

상담소에서 부부가 자발적으로 그들의 문제를 말로 진행하고자 하면 모래상자치료를 적용하지 않도록 해야 한다. 그러나 이런 부부라고 하더라도 의식적으로 혹은 무의식적으로 모래상자치료과정에서 드러날 수 있는 중요한 문제를 부인할 수 있다.

부부 및 가족의 모래상자 과정

모래상자치료사는 부부 및 가족의 모래상자 초기 단계에서 조언자, 문제 해결사 혹은 심판자의 역할을 맡지 않아야 한다. 개인 모래상자치료에서와 같이 먼저 개인 내적 그리고 대인관계의 탐색에 초점을 둬야 한다. 이는 의사소통의 발전과 갈등을 해결하도록 하는 안전한 장소와 길을 만들어 주기 때문이다.

부부와 가족의 모래상자 과정 소개는 개인 내담자를 대상으로 한 치료과정과 크게 다르지 않다. 치료사가 지시적이거나 비지시적으로 진행하는 것에 따라 방향이 결정될 수 있다.

이러한 선택은 치료사의 선호뿐만 아니라 내담자에게 나타나는 문제에 달려 있지만, 우리는 종종 개인 모래상자를 만드는 것으로 부부와 가족의 모래상자를 시작하기도 한다. 시작하는 곳을 공동 상자로 결정했다 하더라도 자주 보이는 갈등이 명백하고 쉽게 지각할 수 있는 것으로 경험된다면, 이것은 모래상자치료의 감각적 속성과 운동감각적 특성에 의해 초기 공동 상자에서 압도될 수 있기 때문이다.

그다음 단계는 부부나 가족 구성원에게 모래상자에 나란히 서서 꾸미도록 하는 것이다. 배우자나 가족 구성원 중 누군가 공동 모래상자에서 자신을 표현하는 것을 내키지 않아 하거나 그럴 능력이 없는 것으로 보인다면 이는 매우 중요할 수 있다. 공동 모래상자는 너무 위협적이어서 만들 수 없다. 가족 구성원 중 누군가는 공동 모래상자를 꾸미는 데서 빠지게 될 수 있지만, 개인 상자를 만드는 데 보다 더 충분히 표현하고 참여할 수 있다. 배우자나 가족 구성원이 이런 개인 상자의 세계를 만들 경우, 상자를 꾸미는 동안 말하는 것을 억제하도록 한다. 그들이 상자를 완성한 후에 각 배우자나 가족 구성원에게 그 상자에 대해 이야기를 나누고 싶은지 여부를 물어보고, 다른 배우자에게는 그것을 경청하도록 격려하거나 코치한다. 중간에 말을 가로막는 것은 허락되지 않고, 비록 그 시간을 사용하지 않더라도 말하는 데 동등한 시간이 주어진다.

부부나 가족이 현재 관계의 갈등에 대해 말하지 못할 때, 그들은 서로 말하는 것을 듣지 않는다고 느끼는 경우가 있다. 개인 상자는 모래상자 만들기를 통해 자신을 표현하고, 고통, 두려움과 희망에 대해 '말' 할 기회를 준다. 부부나 가족 구성원이 모래상자에 대해 나눌 때 그들은 치료사뿐만 아니라 자신의 배우자나 가족과도 이를 공유하는 것이다.

배우자 또는 가족 구성원이 원한다면, 배우자 또는 다른 가족 구성원을 위해 '여행 안내'를 해주도록 부탁할 수 있다. 여행 안내 전문가가 방해받지 않는 것처럼, 내담자에게 그들의 관점과 정서적 삶의 전문가라는 것을 각인시킨다. 그리고 그들에게 모래상자 안의 세계를 판단이나 편견 없이 나눌 기회가 주어질 것이다. 필요하다면, 치료사는 방해를 막음으로써 '여행'을 촉진시켜야 한다. 만약 가족 구성원이 다른 구성원의 모래상자나 설명에 대해 궁금한 점이 있다면 그들은 내면 여행 안내의 설명이나 이야기가 끝난 후에 물어보도록 한다.

각 구성원의 느낌을 알고, 듣고, 이해하는 경험은 중요하다. 이는 후속 모래상자 꾸미기 과정의 일부다. 우리는 각각의 내담자에게 사용된 것과 동일한 질문들을 많이 사용할 수 있다. 당연히 이 과정은 치료사의 이론적인 근거나 기법의 선호에 따라 다르다.

치료사가 그 과정이 적절하다고 판단하는 경우, 모래상자 안에서 공동 작업으로 나아갈 수 있다. 계속해서 부부의 개인 상자 과정을 사용하지는 않을 것이다. 이것이 시작하기에 바람직한 장이기는 하지만, 공동 작업을 하기 위한 움직임으로 나아가기 위해 이론적이고 적절한 치료계획의 방향이 있어야 한다.

함께 상자를 만드는 것은 배우자나 가족 구성원의 생활방식과 관계 맺는 방법을 관찰할 수 있게 한다. 공동 상자를 시작할 때, 일반적으로 개인 내담자에게 하듯이 과정을 비지시적으로 소개하면 된다. 그들이 사용하고 싶은 만큼의 소품을 사용해서 장면이나 세계를 모래상자에서 만들도록 하는 것이다. 상자를 시작하는 데 어려움을 겪는 부부 및 가족에게 좀 더 설명해 주고, 보통 이보다 더 구체적일 필요는 없다. 일반적인 예로, 간단히 그들에게 지난 주말이나 휴일을 반영하는 장면을 만들어 보라고 하는 것이 있다.

부부 및 가족이 소품을 선택하고 모래에 배치할 때 치료사가 상자에 참여하고 과정에 반응하는 것은 내담자의 관계의 질에 따라 다를 수 있다. 부부 및 가족이 작업하는 동안 회기의 일반적인 지침을 사용하여 자주 반영적인 말을 하고 대화를 할 것이다. 우리는 본질적으로 정신 내적 및 대인관계적 문제를 상자를 통해 만드는 것에 경이로움과 존경심으로 말없이 지켜본다. 이것이 융 학파의 접근의 핵심적 요소다. 대부분의 상호작용은 모래상자를 완성하고 난 후 질문을 시작하면서 일어난다.

부부와 가족이 모래상자를 만들 때, 치료사는 내담자의 관계의 역동성을 통찰하게 해 줄 다음과 같은 질문들을 고려한다.

1. 모래상자 세계를 시작한 사람은 누구인가? 그 과정을 끝낸 사람은 누구인가?
2. 어떤 소품이 고려됐고, 선택됐고, 거부되었는가? 누구에 의해서? 다른 사람이나 배우자가 다른 사람의 제안이나 구획을 거부했는가?
3. 어떤 사람의 소품을 다른 사람이 만지거나 옮겼는가?
4. 부부나 가족이 상자를 만드는 데 함께했는가? 하나의 상자에 분리된 다른

세계가 만들어졌는가?
5. 가족 구성원이나 상대 배우자가 호의적이거나 적대적인 메시지를 보낸 적이 있는가? 누군가 "너는 네 일을 해. 나는 내 일을 할 거니까."와 같은 메시지를 보냈는가?
6. 누가 가장 많이 기여했는가? 각 사람이 차지하는 공간의 비율은 얼마나 되는가?
7. 배우자나 가족 구성원이 과정을 진행하는 동안 서로 이야기를 했는가? 하나의 주제를 정하고 하는가? 그렇다면 두 사람 다 그 주제를 따랐는가?
8. 그 과정이 체계적이었는가? 아니면 혼란스러웠는가?

이와 같은 질문에 대한 답은 내담자의 관계에 대한 중요한 정보를 줄 수 있다. 모래상자를 꾸미는 동안 보이는 참여 정도와 반응성, 분할성, 영역화, 순응도 그리고 거부(더 많은 목록이 있을 수 있다)의 정도는 종종 내담자의 일반적인 상호작용의 직접적 반영일 수 있다.

개인 내담자처럼 상자를 만든 후 세계의 제목을 물어봄으로써 시작할 수 있다. 부부나 가족(최소한 그 일원들 중 한 명이라도)이 제목을 생각해 내지 못한 경우는 드물다. 제목을 물어본 후 부부에게 그 상자에 대해 이야기해 달라고 한다. 개인 모래상자치료에서 치료사를 내담자의 세계로 안내해 주기 위해 장면에 대해 말해 줄 것을 요청한다. 부부 및 가족 치료에서는 서로 상자의 세계로 안내해서 서로의 상자에 대해 이야기하도록 한다. 이는 의사소통에 문제가 있는 부부에게는 어려움이 될 수 있어서 상담자는 그 과정에 도움을 줘야 할 것이다. 이후 단계에 따라 상자에 대해 말해 달라고 물어보고, 치료사를 그들의 세계에 안내해 달라고 부탁한다. 양쪽의 배우자와 모든 가족 구성원에게 이야기를 나눌 동등한 시간을 주는 것은 중요하다.

이 과정은 이야기를 통해서 상당히 내적 그리고 대인관계적 소재가 나타나는 것을 포함하고 더 많은 질문을 하여 더 많은 정보를 이끌어 낼 수 있다. "이 소품은 무엇인가요? 그녀는 뭘 하고 있는 거죠? 이 둘은 서로에게 뭔가를 말하고 있는 것 같네요—뭘 얘기하는 걸까요? 당신(배우자이거나 가족 구성원)은 이 그림 안에 있나요? 이 안에 당신이 아는 다른 사람이 있나요? (이것이 활동적인 장면이라면) 다음엔 무슨 일이 일어날까요? 여기서 가장 강한 것은 무엇(누구)인가요?" 과정을 거치는 동안 많은 다른 질문들이 나올 수 있지만 간단하고 개방적인 것이 좋고, 강제적이거나 결론으로 넘어가 버리는 질문들은 피하는 것이 좋다. 또한 부부나 가족에게 세계를 만들고 나누는 경험을 갖도록 하는 것은 흥미롭다. "각자에게 이것은 무엇과 같은가요?"

부부 또는 가족 모래상자는 과정을 평가하는 데 도움이 된다는 것을 발견한 Allan(1988)의 아동모래상자치료과정에서의 일반적인 단계를 반영한다. 첫 번째 단계는 '혼돈'이다. 이는 부부나 가족이 분명하고 신중하게 선택하지 않고 소품을 모래 속에 '쏟아 놓는 것'이다. 모래에서 나타나는 혼란은 부부 혹은 가족의 삶 속에서 혼란과 정서적 동요를 반영하는 것이다. 대부분의 부부 및 가족 치료사들은 부부와 가족이 치료실에서 행해지고 있는 '쏟아 놓는 것'에 관해 익숙하다. 다음 단계의 '투쟁'은 드러난 혹은 숨겨진 갈등이 '전쟁' 장면으로 될 수 있다. 이 창조적인 단계의 초기에는 자주 싸움을 벌이고 있는 쌍방이(혹은 그 이상) 서로를 전멸시킨다. 장면이 한쪽의 승리를 반영한다고 할지라도(예: 내성적이고 순종적인 배우자를 누르는 지배적인 상대 배우자, 또는 경직된 가족 체계에서 횡포적인 부모), 이는 이기거나 지는 상황이 아니라 패자-패자 상황이다. 종종 모래상자치료의 초기 단계에서 어느 누구도 이러한 전투나 사고에서 살아남지 못하는 것을 볼 수 있다. 긍정적인 방향의 진행과정과 상호 관계를 맺어가는 과정을 거치면서 모래상자치료는 삶이 '정상적으로 회복되고 있는 것'처럼 보이는 세 번째 단계, 즉 '해결' 단계로 넘어간다. 이 단계에서는 모래상자에 좀 더 질서와 균형이 잡혀 있다. 소품을 조심스럽게 선택하고 신중하게 배치한다. 내담자는 모래상자 속에서 가끔은 유익하면서 평등한 역할을 맡고 있는 자신을 발견한다. 이는 종종 치료가 거의 끝나간다는 하나의 신호가 된다.

앞서 언급했듯이, 완성된 모래상자의 사진을 찍어 놓는 것은 도움이 된다. 이는 과정을 기록해 두는 것뿐 아니라 그들이 시작한 여행의 '슬라이드 쇼'로 치료과정을 종결하는 것에 도움이 된다. 또한 한 회기 동안 모래상자가 끝까지 진행되지 못했다면, 그 과정을 이어가는 데 시각적인 자극이 된다. 시설이 갖춰져 있다면 부부나 가족 모래상자 회기를 영상으로 찍는 것도 도움이 된다. 치료사가 자신이 찍어 놓은 영상을 보고 슈퍼비전을 받음으로써 많이 배우듯이, 부부나 가족도 모래상자를 만드는 영상을 봄으로써 의사소통 과정에 대해 많이 배울 수 있다. 가족 구성원이 자신과 다른 구성원의 영상을 볼 때 치료사는 교사와 코치의 역할을 맡을 수 있다.

부부를 위한 모래상자의 구체적 방법

여기에 제시한 것 외에 부부에게 모래상자를 사용하는 여러 가지 방법이 있다. 몇 가지 공통의 방법은 다음과 같이 부부에게 모래상자를 소개하는 것이다. "당신들이 말한 문제들이 서로 이야기 나누기 쉽지 않다는 것을 알아요. 난 당신들로부터 뭔가를 캐내려는 것이 아니라 당신들 둘이서 의사소통할 수 있는 방법을 찾도록 돕기 위해 있습니다. 이러한 부부상담 방법 중 하나는 모래상자치료라고 부르는 부부상담을 통한 것입니다. 나는 당신들에게 질문을 퍼붓기보다, 당신들이 쓰고 싶은 만큼의 소품을 이용해서 모래에서 장면을 만들었으면 좋겠어요."

비지시적으로 머물러 있거나 초점이 맞춰질 수 있는 것이 이 시점이다. 더욱 지시적인 과정의 예는 다음과 같다. "지금 보기에 당신들 둘이 싸우고 다투는 것이 꽤 오래된 것 같네요. 지금 이렇게까지 오기 이전엔 어떻게 살았는지 기억이 잘 안 나겠죠. 난 당신들이 두 개의 모래상자를 가지고 하나에는 지금 당신들이 같이 살고 있는 삶을 어떻게 느끼는지 나타내고, 다른 하나에는 갈등이 시작되기 전에는 어땠는지를 만들어 봤으면 좋겠습니다." 각각의 개인 상자를 두 구획으로 나누거나 또는 하나의 큰 상자에 절반을 나누어 각자의 구역을 두 장면으로 나누어 만든다.

부부 모래상자를 할 때 한 가지 중요한 이점은 전통적인 부부치료의 기술을 모래치료과정에 적용시키는 것이다. 또한 제7장 "모래상자치료에서 인지적 기법과 구조적 기법 통합시키기"에서 언급한 몇 개의 기술이 사용될 수도 있다. 예를 들면, 해결-중심 기적 질문을 부부에게 사용하는 것이다. 기법만큼이나 이에 대한 적용도 많다.

특정 부부치료방법을 적용하는 것의 예로 John Gottman(1994)의 '비난' '방어' '경멸' 그리고 '담쌓기'를 포함한 '요한계시록의 네 명의 기사'[1]가 포함될 것이다. Gottman의 연구는 이러한 행동이 이혼의 전조를 보이는 역동의 실제로 보았다. 네 가지 문제는 확실히 부부들과 말로 이야기를 나눌 수도 있다. 그러나 더 깊고 효과적인 과정은 모래상자에서 풀어 내는 것이다. 치료사는 각 배우자에게 질문할 수 있다. "당신의 관계에서 최근에 비난/방어/경멸/담쌓기를 경험한 것을 모래상자에 표현할 수 있나요? 당신은 당신의 배우자가 그것들을 어떻게 경험했을지 상자를 만들 수 있나요?"

또 다른 적용은 '부부간의 대화'의 이마고 관계 치료(Imago Relationship Therapy) 과정이 사용될 수 있다(Hendrix, 2010). 이마고 기법을 사용할 때 필요한 훈련이 권해지는데, 부부들의 대화는 반영, 요약, 확인(예: "그랬을 것입니다. 왜냐하면……") 그리고 공감(예: "당신이 어땠을지 상상이 갑니다.")으로 구성된다. 과정의 본질은 서로 동등하고 다른 상태에 있으면서, 이해받는 것에서 상대의 경험을 이해하는 쪽으로 각각의 배우자를 움직이도록 돕는 것이다. 이 과정은 각 배우자가 소품에 목소리를 부여함으로써 모래상자치료로 확장할 수 있다. 반영하는 것이 어색하고 피상적인 느낌이 많이 들 수 있지만, 이는 모래상자의 소품에 투사하기를 통해 실행할 수 있다. 가르침을 받을 수 없거나 불평이 많은 내담자를 치료사가 코칭하는 것으로 이끌기보다 직접 소품을 코칭함으로써 안정적으로 느낄 수 있다.

---

1) 역자주: '요한 계시록의 네 명의 기사'는 백 · 적 · 흑 · 청색 말을 탄 네 명의 기사로, 각각 질병, 전쟁, 기근, 죽음을 상징하는 것이며 이 세계를 파국으로 이끄는 매우 큰 재앙을 말한다. 이와 같이 관계를 파멸로 몰아가는 행동방식을 가트맨은 요한계시록에 나오는 말 탄 기사에 비유하여 결혼의 종말을 예고하는 싸움방식으로 보았다.

가족을 위한 모래상자의 구체적 방법

부부와 같이, 가족의 모래상자치료도 우리가 제안한 것을 포함하여 사용할 수 있는 기법이 무수히 많다.

Murray Bowen(1976)을 포함한 많은 가족 치료사들은 코치로서 치료사 행동을 설명해 왔다. 전문가보다 코치의 역할을 맡음으로써 내담자는 개인적 책임감을 맡아 변화의 과정에 쉽게 참여할 수 있다. 앞서 언급하였듯이, 내담자는 자기소유권을 향한 점진적인 과정으로써 모래상자 소품을 통해 코칭받는 것이 더 편할 수 있다.

모래상자를 위한 가족 치료 기법 중 하나는 조각의 사용이다(Papp, Silverstein, & Carter, 1973). 전통적으로 각 가족 구성원에게 실제적으로 각자가 보는 바에 따라 가족 구성원의 위치를 통해 가족구조를 '조각'할 수 있는 기회를 제공하는 것이다. 이것은 종종 치료실의 의자와 함께 치료사와 가족 모두에게 가족 역동성의 모습을 제공할 수 있다. 그러나 나이 어린 가족 구성원, 특히 아동은 이 과정에서 자동적으로 불리한 자리에 있게 된다. 다른 가족 구성원에게 조각을 수행하도록 요청하는 것은 종종 벅찬 요구일 수 있다. 가족 구성원들이 할 수 있다 하더라도, 부모와 어른을 기쁘게 하는 일에 자주 초점을 맞추는 아동의 일반적인 특성을 고려할 때 연령이 높은 가족 구성원은 종종 조각 구조에 영향을 미친다. 이것은 가족에게 자신이 원하는 소품을 사용하여 모래상자치료에 가족을 '조각하기'를 지시함으로써 해결할 수 있다. 특정한 소품의 선택은 의미 있다. 가족 구성원은 가끔 가족의 위계질서를 투사적으로 나타내는 데 더 자유로움을 느낀다.

또 다른 효과적인 가족 모래상자의 개입은 모래상자 소품을 이용하여 가계도를 만드는 것이다. 가계도는 가족 구조와 역동성의 훌륭한 설명도다(가계도에 대한 더욱 자세한 설명은 McGoldrick, Gerson, & Petty, 2008 참조). 치료사는 가족에게 자기 자신을 포함한 가족의 모든 구성원들에 대한 생각이나 느낌을 하나 혹은 그 이상의 소품을 선택해서 표현하라고 단순하게 물어볼 수 있다(Gil, 2003).

이는 모래상자를 사용하기보다는 종이 한 장에 행해진다. 치료사나 가족이 가계도의 개요를 가족관계에 해당하는 선을 포함한 사각형(남성)과 원(여성)을 사용하여 그릴 수 있다. 그런 다음, 소품을 골라 사각형과 원 위에 배치시킨다. 예를 들면, 한 내담자는 술병을 알코올중독자 아버지를 나타내기 위해 사용했고, 천사 모형을 어머니를 나타내기 위해 사용하였다. 모든 소품은 가족 구성원을 상징하는 강력한 메시지가 될 수 있다.

과정의 진행은 치료사의 요청에 따라 전개될 수 있다. 가족 구성원이 다른 구성원들이 보는 앞에서 소품을 고르도록 할 때 나타날 수 있는 자의식의 발달을 막기 위해 가족 모두 동시에 소품을 선택하도록 한다. 선택을 하고 난 후에는 치료사가 골라진 소품에 대해 토론하도록 돕는다. 명백하게, 소품의 상징적이고 은유적인 의미 과정을 통해 엄청난 통찰력을 얻을 수 있다.

이러한 모래상자 가계도는 다른 가계도 과정의 부분으로 이어질 수 있다. 전통적인 가계도에서는 다양한 선의 형태와 상징이 관계를 묘사하기 위해 사용됐다(예: 세 개의 평행선은 밀착을 의미하고, 들쭉날쭉한 선은 갈등을 나타낸다 등). 이러한 적용으로, 가족 구성원은 소품을 선택해 가족관계 성격에 대한 자신의 관점을 나타낼 수 있다. 소품의 칸막이 선택은 한 가족 구성원이 서로의 관계를 어떻게 인식하는가에 대해 분명하게 말해 주는 것이다. 혹은 가족 구성원 간의 관계를 묘사하기 위해 소중한 돌이나 대리석 선으로 된 다리 혹은 벽이나 울타리를 찾을 수도 있다.

또 다른 가족 치료의 효과적인 적용은 '재현'을 이용한 구조적 가족 치료를 활용하는 것이다. 기본적으로, 치료의 설정에서 제정은 치료사가 가족 갈등을 외부에 드러내는 것이고 변화해 나가는 것을 평가하고 진행하기 위한 것이다(Colapinto, 2000). 모래상자치료의 사용을 통해서, 치료사와 가족은 모래상자에서 장면들이 제시되거나 소품을 가지고 연기하기 때문에 가족 갈등의 삼차원적이고 운동감각적인 면을 볼 수 있다.

Madanes(1984)의 '가장기법(pretend techniques)' '증상처방(prescribing the symptom; Weeks & L'Abate, 1982)'과 같은 역설적인 기법들과, 욕구와 원함을 표

현하도록 촉진하는(Johnson, 2004) 정서중심치료(Emotional Focused Therapy: EFT)의 단계, 그리고 이야기 가족치료(White, 2007)의 '정의적 의식을 포함한 가족치료의 많은 기법들을 적용할 수 있다. 이 모든 기법들은 치료적 역동을 표현하려는 소품을 사용하여 모래상자에서 규정되고 전개될 수 있다. 이러한 기법들은 수많은 치료의 개입의 적용 중 일부분에 불과하다.

사례

이 부부치료 사례는 30대 중반의 결혼한 부부 이야기다. 그들은 의사소통에 상당한 어려움을 겪고 있었고, 이혼을 고려하고 있지만, 자녀들의 삶에 혼란을 주는 것을 원하지 않았다. 이는 우리에게 흔히 보는 내용으로 들릴 것이다. 그들은 불화가 이미 어떻게 혼란을 일으키고 있는지 알려고 하지 않고 알 수도 없었다.

제시된 위의 사례를 이용하여 이 부부는 결혼이 어떻게 되기를 원하는지와 이 결혼 생활에 대해 현재 어떻게 느끼는지 두 장면을 꾸미는 하나의 상자를 하도록 권유받았다. 한 상자에서 같이 하도록 하였고, 적정하다고 생각하는 대로 공간을 나누어서 하도록 했다.

흥미로운 역동이 과정의 초기에 나타났다. [그림 9-1]에서 보는 바와 같이, 상자에는 모래를 이쪽저쪽으로 나누어서 중앙이 강처럼 보이도록 나뉜 두 구획이 있다. 남편이 주도권을 갖고 시작하였고, 좁은 '강'을 만들었다. 그러고 나서 아내가 그 사이의 틈을 상당히 더 넓혔다. 이는 아내가 남편보다 문제를 더 심각하게 본다는 초기의 표현과 일치했다. 부부는 모두 장면을 연출하기 위해 많은 소품을 사용하지 않았다. 그러나 선택한 소품과 짧은 설명은 그들 서로에게 꽤 영향을 미쳤다.

상자의 오른쪽 상단에는 아내가 결혼생활이 어떠했으면 좋겠다는 장면이 그려져 있다. 그녀는 신부와 신랑의 소품을 배치하고 그들이 결혼을 했을 때 얼마나 행복했는지에 대해 이야기했다. 그들의 옆에는 손을 잡고 있는 늙은 남녀를

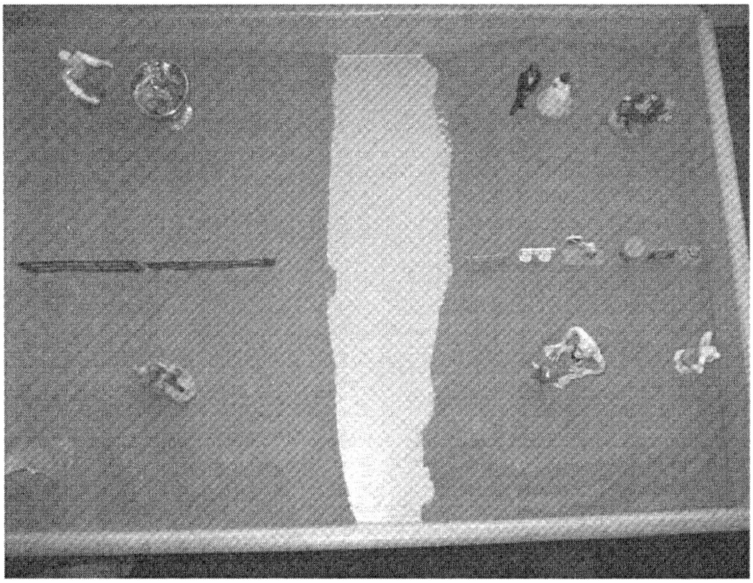

그림 9-1 부부의 모래상자

배치했고, 이에 대해 아내는 그들이 항상 같이 늙어 가기를 바랐고, 여전히 그러하기를 바란다고 말했다. 아내는 이 이야기를 나누면서 눈물을 글썽거렸고, 이어서 남편도 눈물을 글썽거렸다.

그녀는 교통신호와 폭약통을 포함한 경고신호로 이 두 장면을 분리했다. 그들의 관계가 가끔 폭발적이며, 동시에, 그 중에서 아주 의미 있는 소품은 기찻길의 차단기였다. 그녀는 차단기가 의도적으로 위로 올라가도록 해서 재결합의 희망을 의미하게 했다. 이는 처음에 아내와 남편의 구획의 사이를 넓힌 초기의 행동과는 많이 대조되는 흥미로운 모습이었다.

그 다른 한편에는, 아내가 현재의 관계에 대해서 어떻게 생각하는지를 나타낸 장면이 있다. 그녀는 〈곰돌이 푸우〉에 나오는 피글렛을 상자의 옆면을 보게 하여 상자에 있는 다른 모든 소품으로부터 돌아서도록 배치하였다. 이것은 관계에서 그녀가 얼마나 사소하고 작게 느끼는지를 나타낸 것이라고 했다. 그녀의 남편을 나타내기 위해서 피글렛을 돌아선 채로 배치한 내과 의사 인물을 사용했고

(그녀의 남편이 보건 산업에 종사하는 것을 나타내기 위해), 〈반지의 제왕〉에 나오는 전설적인 등장인물인 골룸을 배치했다. 이 영화를 본 독자는 알다시피, 골룸은 지속적으로 반지에 대해 '나의 귀중한'이라고 말한다. 아내는 계속 울면서, 남편은 자신과 다르게 그의 직업적인 삶을 '소중하게' 여기는 것으로 봤다고 말했다.

남편 쪽의 상자에는 그가 어떤 결혼생활을 원하는지를 나타내기 위해 강하고 멋있는 남자 모형을 금덩이로 가득 담긴 금 술잔을 향해 뻗고 있는 자세로 배치했다. 그들이 결혼했을 때, 그녀를 소중하고 귀하게 여겼고(금 술잔과 금덩이들), 그녀를 찾았다(뻗고 있는 팔처럼). 그리고 그는 그 감정을 되찾고 싶어 했다. 그는 이미 '소중한'이라는 단어를 생각해 놨다고 말했고, 그의 아내가 나눈 것에 대해 감성적으로 바로 반응을 한 것이었다. 더 말할 필요 없이, 아내는 이에 엄청난 감동을 받았다.

맞은편에는, 남편이 반투명한(거의 투명한) 소품을 골라서 부부 사이의 관계가 얼마나 불투명한지를 나타냈다. 그리고 그는 인물을 상자의 다른 모든 것으로부터 돌아서게 배치했고, 어머니와 여자아이를 골라서 그의 아내와 딸이 그로부터 떨어진 삶을 만들어 왔음을 느끼는 것을 표현했다.

이러한 관계의 역동은 치료사에게 명료할 수 있으나, 각 배우자에 의해 고려되거나 탐색되지 않았다. 이 모래상자치료 경험에서 가장 값진 측면은 각각의 배우자가 상대의 고통을, 그리고 상대방의 변화를 듣고 보고 바라는 것이었다. 이러한 역동과 통찰력이 언어 수준에서 확인될 수 있었던 반면, 정서적 깊이는 언어로만 한정된 회기에는 도달하기 불가능하거나 어려운 일이다. 이는 뇌의 왼쪽으로 가는 언어로 된 과정은 일차적이고 순차적이며 합리적 사고 과정에 초점을 맞추어 있고, 뇌의 감정적인 부분으로 입력되는 우뇌는 시각적으로 되어 있기 때문이다.

결론

부부 및 가족 간의 불화에서 겪는 갈등은 모래상자치료를 통해서 표현하고 관찰하고 진행하는 것이 더 용이하다. 다른 치료적 접근이나 기법처럼 모래상자치료도 모든 해답을 제공해 주지 않는다. 부부 및 가족의 갈등(예: 의사소통, 금전, 성관계, 육아)에 관련된 주된 문제들이 비교적 안정되어 보여도 가족이 위기에 직면한 문제들은 더 복잡성을 띠게 된다. 정신 내적 그리고 대인관계의 고통을 말로 표현하는 것은 절대 쉽지 않다. 모래상자치료는 부부와 가족에게 원한다면 보다 더 중대한 문제를 이야기할 '안전한 장소'를 제공해 주는 하나의 도구일 것이다.

개인모래상자치료에서는 이 표현적 기법의 사용이 기본적으로 정기적이거나 간헐적으로 사용된다. 그러나 의사소통과 가족체계에 대한 더 많은 정보가 언어를 사용한 여러 회기의 상담보다 한 번의 모래상자치료에서 나타날 수 있다. 내적 그리고 대인관계의 많은 자료들이 한 번의 모래상자치료 경험에서 나타나는 일은 흔한 일이다.

참고로, 우리의 견해는 부부 및 가족 치료의 성공은 진행과정에서 지도자가 되기보다 촉진자가 되는 것을 포함한다. 어떤 사람과 모래상자치료를 하건 간에, 결과물에 초점을 맞추는 것이 아니라 과정에 초점이 유지되도록 격려해야 한다.

Chapter 10

모래상자치료와 정신적 외상

모래상자치료는 투사적이고 표현적인 접근방법을 활용하는 다른 치료들처럼 정신적 외상을 경험한 내담자에게 독특하고 효과적인 치료를 제공한다. 내담자가 경험하는 정신 내적 고통, 대인관계의 고통과 혼란스러움은 모래상자를 통해 투사될 수 있으며, 이 치료적 거리는 정신적 외상을 경험한 내담자에게 귀중한 치료도구로서 적용될 수 있다. 모래상자치료는 심리적으로나 신경생물학적으로 외상의 후유증을 다루는 모든 연령대의 내담자에게 효과적이다. 이 장에서는 외상을 경험한 내담자를 대상으로 한 모래상자치료의 방법이라기보다 정신적 외상을 경험한 내담자에게 활용해야 하는 합리적인 이유를 간단히 설명하고자 한다.

여기서 먼저 고려해야 할 점은 외상에 대한 기본적이면서 감각적인 성질에 관한 것이다. 모든 외상은 감각적 요소를 가지고 있고 전체적으로 감각기관에 연관되어 있지 않다 하더라도 최소 하나의 감각기관에 연결되어 있다. 전쟁의 외상, 교통사고의 희생자부터 신체적 학대와 성적 학대에 이르기까지 환자의 감각에 치명적 영향을 준다. 특히 외상 후

> Badenoch는 "그녀는 내면의 균형감을 유지하기 위해 왼손을 모래에 넣거나, 자신의 팔을 타고 올라와 가슴으로 이동하는 안정된 에너지를 느낀다고 말하며 소품 중 하나를 잡는다."(2008, p. 236)라고 내담자의 작업에 대해 기술했다.

스트레스 장애(post traumaic stress disorder: PTSD)의 진단기준을 보면 감각적 요소, 즉 ① 외상 사건의 지속적인 재경험, ② 외상과 관련된 단서의 회피, 그리고 ③ 지속적인 생리적 과민성 또는 각성에 상당히 집중되어 있다. 외상에 대한 치료 반응은 상당한 감각적 요소를 가지고 있으며 그러므로 모래상자치료는 이에 적합하다.

외상을 경험한 내담자를 위한 모래상자치료의 장점

Schaefer(1994)는 모래상자치료에서 내담자가 경험할 수 있는 치료적 거리감과 결과적으로 안전감을 제공하는 몇 가지 관련 특성을 제안했다.

1. 상징화: 내담자는 소품을 이용하여 가해자나 피해자 상황을 나타낼 수 있다. 예를 들면, 내담자가 가해자를 포식동물을 선택하여 나타내는 것이 훨씬 더 안전하다. 실제로 납치되거나 달아날 수 없는 기분이 드는 것을 포함하고 있든 아니든 간에, 내담자는 교도소나 창살이 쳐진 창문이 있는 건물을 골라서 감금되어 있는 것을 나타낼 수 있다.
2. '마치 ~처럼' 성질: 내담자는 가장적 성질을 사용하여 자신이 사건을 실제의 삶이 아닌 것처럼 연기할 수 있다. 예를 들면, 가정폭력 희생자나 목격자는 외상의 경험을 언어로 표현하는 데 상당한 어려움을 느낀다. 모래상자치료에서는 '마치 ~처럼'의 성질을 이용하여 충격적인 상황의 한가운데에 있는 통제 불능한 것을 조절하면서 내담자가 할 수 없는 것을 할 수 있게 해 준다.
3. 투사: 내담자는 소품에 강렬한 감정을 투사해서 안전하게 연기할 수 있다. 내담자는 잠재되어 있는 적으로부터 무서운 감정과 어려운 감정을 사람이나 동물 소품에 투사시키는 것이 언어로 표현하는 것보다 훨씬 더 안전하게 느낄 수 있다. 이 치료적 거리는 보다 큰 안정감을 형성해 준다.

4. **전치**: 내담자는 부정적인 감정을 가족 구성원에게 직접적으로 표출하기보다 소품으로 대치할 수 있다. 모래상자치료는 감정 정화의 기회를 제공할 뿐 아니라, 배치를 하고, 매체와 모래상자 만들기 과정을 통해 치료를 촉진한다.

외상의 신경생물학적 영향

정신적 외상은 중대한 신경학적 활동의 결과로 생긴다. 신경세포에 작동하는 카테콜아민(예: 에피네프린과 노르에피네프린)의 증가는 교감신경계(공격적이거나 회피하는 반응이 위치되어 있다) 활동을 증가시킨다. 부신피질호르몬과 세로토닌의 수준이 종종 감소하는 것을 볼 수 있는데, 카테콜아민으로 유발된 공격 혹은 회피 반응의 조절 능력을 감소시킨다. 게다가, 내인성 오피오이드의 증가 수준은 통증 감소, 감정 둔화와 기억력 저하를 초래할 수 있다. 외상 후 스트레스에 대한 만성적인 노출은 이러한 화학적 물질의 적응에 영향을 미친다는 것을 아는 것이 중요하다. 다시 말해, 이는 사람이 일상생활에서 살아가는 방식이 영구적으로 변화될지도 모른다는 것이다.

외상의 신경생물학적 효과의 구체적인 예는 변연계의 활동에서 볼 수 있다. 변연계는 자기보존을 위한 감정, 기억 그리고 행동을 지배하는 신경조직의 중심부다. 외상은 변연계에 있는 편도체와 해마에 이상을 가져올 수 있다. 몸이 행동을 하도록 준비시키는 편도체는 이러한 신경생물학적 변화에 의해 '강탈'될 수 있고, 외상 피해자는 뇌의 '사고' 부분(즉, 대뇌 피질)이 위협을 검토하기 전에 반응할 수 있다. 이러한 결과로, 과도한 경계심을 보이는 외상 피해는 각성의 원인에 대한 중간 평가를 할 수 없는 상태에서 자극이 각성반응으로 바로 이동하게 된다. 이러한 원인은 그들이 과도하게 반응해서 다른 사람을 놀라게 한다.

외상은 뇌의 다른 부위에 영향을 미치기도 한다. 시상하부-뇌하수체-부신축(HPA)은 노르아드레날린 시스템과 같이 스트레스에 매우 취약하다. 학대당하고 무시당한 내담자의 MRI 검사는 대뇌 피질의 위축이나 심실 확대의 증거를 보여 준다. 예를 들어, PTSD의 아동을 대상으로 한 연구에서는 그들의 두개골, 대뇌, 전두엽 피질, 전두엽 대뇌 피질의 백질, 오른쪽 측두엽 용량, 뇌량과 이의 하위 영역이 더 작아졌다는 증거가 있다(De Bellis et al., 2002). 이렇게 말한다고 해서 당황하지 마라! 중요한 사항은 이러한 연구들은 위축(수축)의 형태가 뇌에 전반적으로 퍼져 있음을 보여 준다. 뇌의 발달 둔화와 기존 뇌의 용량(크기) 감소가 있을 수 있다.

외상의 과잉과 역행하는 신경생물학적 결과에 의해 PTSD를 경험한 사람에게는 실행 기능을 담당하는 전두엽 피질의 비활성화가 발생할 수 있다. 이는 위협을 파악하고 대처하는 능력을 방해한다. 외상 후의 삶을 살아가는 것을 어렵게 할 뿐만 아니라 치료과정도 방해한다. 정서적 · 생리적 각성이 높은 수준으로 일어나고 있지만, 이것들을 처리할 수 있는 능력이 방해받는다. van der Kolk(2002)는 "외상의 정의는 '말할 수 없는 공포(speechless terror)'를 말한다. 환자는 종종 자기가 느끼는 것을 단순하게 단어로 표현하지 못하고, 무슨 일이 진행되고 있었는지 분명히 알지 못한 채 강렬한 감정만 갖게 된다."(p. 150)라고 말했다.

> 외상의 정의는 말할 수 없는 공포를 포함한다. 환자는 자기가 느끼는 것을 단순하게 단어로 표현하지 못하고 무슨 일이 일어났는지 정확하게 알지 못한 채 강렬한 감정만 남는다(van der Kolk, 2002, p. 150).

이는 여러 가지 신경 영상 연구(Lanius et al., 2004; Rauch et al., 1996; Shin et al., 1999)에서 입증되었다. 예를 들면, PTSD를 경험한 사람들이 치료에서 외상적 경험을 재현하도록 할 때, 언어와 관련된 뇌의 브로카 영역에서 활동이 감소된다. 동시에, 변연계 활동 또는 감정적 반응이 증가한다. 외상을 경험한 사람은 외상을 체험할 때, 그 경험을 말로 표현하는 것에 매우 큰 어려움을 느낀다. 이것을 '말할 수 없는 공포'라고 한다.

이러한 일이 벌어지는 동안 많은 치료사들은 내담자가 자신이 겪은 끔찍한 사건을 말로 표현하도록 캐묻는 지침서를 따르고 있다. van der Kolk(Wylie, 2004 재인용)는 이에 대해 "근본적으로, 외상으로 인해 충격적인 인상으로 이루어진 혼란된 감각과 행동은 말로 통합할 수 없다. ……효과적인 치료를 위해서는, 사람이 이러한 핵심 기능을 다루는 방식을 바꾸어야 하며, 이는 단어와 언어만으로는 되지 않을 것이다."(p. 38)라고 하였다. 우리는 모래상자치료가 이 목표를 충족할 것이라고 확신한다.

치료과정의 효과

치료사가 외상의 내용에 우선적으로 정서적으로 초점을 맞출 경우, 내담자의 근본적인 생리적 상태는 바뀔 수 있다. Perry(2006)는 내담자의 치료의 변화는 '뇌간 조종'이 이끌 수 있다고 말한다. 불안의 결과로, 브로카 영역의 기능이 감소할 뿐만 아니라, 원시적인 방식으로 행동하도록 하고 이는 치료 중에 언어를 수용하기 어렵게 하거나 소용없도록 한다. "당신이 누구에게 말하는가와 상관없이 언어는 중뇌의 변화 또는 뇌 줄기의 변화 또는 뇌간의 변화로 쉽게 전환될 수 없다."(Perry & Pate, 1994)

치료의 의미는 명백하다. 즉, 전통적인 언어로 하는 치료는 효과가 없거나 어쩌면 해로울 수 있으며, 인지 기반의 치료도 마찬가지다. 오히려 치료사는 신경생리학 영역에 반대되는 중뇌에 근거해서 외상에 접근하기 위해 비언어적인 표현치료의 교차적 훈련을 해야 한다. 모래상자치료는 특히 효과적인 표현 매체이며, 모든 연령대의 외상 피해자에게 사용된다.

뇌의 대뇌 반구의 활동과 외상의 대뇌 반구 활동 결과의 작업은 모래상자치료를 필요로 한다. Gil(2006)은 그 증거가 "뇌의 외상의 기억이 우반구에 깊게 저장되어 있어서 뇌의 우측 접근과 활동을 촉진시키는 치료를 필요로 한다."(p. 68)고 했다. 모래상자치료는 이와 같은 기법 중 하나다. Badenoch(2008)는 모래상자는 "뇌의 변연계 과정을 각성하고 조절하는 뛰어난 능력을 가지고 있으며 이는 고통, 두려움, 해리 경험을 표현하도록 하는 강력한 방법이다."(p. 220)라고 하였다.

뇌 반구의 작용을 인식하는 것은 치료적으로 중요하다. 우반구가 더욱 비언어적이고 예술적이며 은유적인 것에 초점을 맞춘다. 반대로, 좌반구는 순차적인 과정에 더욱 초점을 둔다. 정상 기능에서는 반구의 통합이 중요하고, 외상에 의해 부정적으로 영향을 받는다. 특히, 외상은 두 반구를 연결하는 섬유질 뉴런인 뇌량의 비정상화를 촉진한다(Teicher, Tomoda, & Andersen, 2006). 이는 편재화(두 반구에 접근하는 것)의 개념으로 설명할 수 있는데, 즉 학대받은 내담자의 경험과 외상에 관한 이야기에 영향을 준다.

모래상자치료는 외상 경험의 이야기를 말로 표현하도록 하는 전형적인 치료적 역동을 피하게 한다. 언어로 하는 치료는 나열하는 경향이 있다. Siegel(2003)은 근원적으로 다음과 같이 설명한다.

> 이야기를 순차적으로 말하는 것은 좌반구에 의한 것이다. 자서전이 되기 위해서는, 좌반구는 우반구에 저장되어 있는 주관적인 감정경험과 연결되어야 한다. 제안은 이러하다. 좌반구가 통일성 있는 이야기를 갖기 위해서는 논리적으로 이야기를 말하는 우반구의 정보를 끌어내야 한다. 만약 PTSD처럼 방해물이 있다면, 이야기는 일관되지 않을 것이다. ……우반구의 정보를 좌반구에서 끌어낼 수 있는 능력이 있어야 논리적으로 알아들을 수 있는 말을 할 수 있다(p. 15).

한 가지 제안은, 모래상자와 같은 비언어적 표현 매개물이 제공하는 것은 은유적으로 초점이 맞춰진 우반구에 도달한다는 것이다. 그러므로 외상적 화법의 표현은 증진된다. 외상을 표현하는 데 말로 하는 것이 가장 좋은 방법이지만, 그것이 언어적일 필요는 없다(간혹 그럴 수 없다). 근본적으로 말하면, Badenoch(2008)가 제시하기를, "우리는 인지적 의미로 질문을 바로 하기보다 신체와 정서 양측에서 상자의 의미에 대해 질문을 할 수 있다. 우반구에서 좌반구로 건너뛰는 것이 아니라 우반구가 좌반구에 연결하는 통로를 제공하는 것이다."(p. 224)

전문 영역에서 잘 훈련된 많은 치료사들은 이런 신경생물학적 중요성을 인식하지 않고 있다. Perry(2006)는 "간단히 말해서, 외상과 무시당한 경험……뇌의 중요한 신경 조직 기능과 비정상적인 조직과 이들 조직 간에 중재되는 능력을 손상시킨다. ……학대당했거나 외상 경험이 있는 아동은 특정한 발달단계와 생리적 필요에 맞는 치료를 하는 것이 성공의 열쇠다."(p. 29)라고 말하고 있다. 이는 모든 성인에게도 마찬가지다.

Rothbaum과 Foa(1996)에 따르면, 공포를 줄이는 치료에서 다음의 두 가지 기본적인 조건이 필요하다. PTSD의 치료에 따르면, ① 외상의 기억을 끌어올리는 방법으로 외상과 관련된 주제와 맞닥뜨려야 하는데 ② 상황(치료적 과정)에서 중요한 요소는 우선적으로 안전감을 느껴야 하기 때문에 직접적으로 외상의 주요 요소를 부정할 필요가 있다. 안전감은 외상 내담자를 치료하는 데 결정적인 요소다. 외상 희생자는 심리학적으로만 안전을 느끼지 못하는 것이 아니고, 신경생리학적으로도 안전을 느끼지 못한다. 모래상자치료과정은 이 두 가지 조건을 충족한다.

모래상자치료과정에서 안전성은 외상치료에 중요한 요소를 제공한다. 치료의 성장은 안전하게 개인 내적 그리고 대인관계의 관계 범위에서 발생할 수 있음을 인식하고, 모래상자치료는 근본적으로 표현적이고 투사적인 이 필요한 요소를 증진시킨다. van der Kolk(2006)는 이 역동성의 중요한 면을 다음과 같이 말한다.

> 인간의 접촉과 조율이 생리적 자기 규제의 중요한 요소이지만, 대인관계의 외상은 종종 친밀감의 두려움을 만들기도 한다. 정신적 충격을 받은 개인은 친밀과 조율이 주어질 때 상처와 배반과 유기의 내재되었던 기억이 자동적으로 환기된다. 그 결과로 느끼고, 보이고, 이해받았다는 것은 사람이 보다 평온함과 통제감을 느끼도록 돕는 것이다. 외상이 활성화되는 것을 막을 수 있다. 이것은 신뢰감이 형성되면 물리적 거리를 만드는 작업을 통해 신체적 통제감이 생기도록 도와주는 것을 의미한다(p. 289).

앞서 언급하였듯이, 모래상자는 내담자의 정신적인 세계를 담아내는 '그릇

(container)'이다. 그리고 모래상자치료사는 내담자가 나타내는 문제를 말하고 진행하는 데 촉진하고 참여해 주는 역할을 한다. van der Kolk는 이것은 통제감을 발달시키도록 촉진한다고 말했다. 게다가 내담자의 '느끼고, 보이고, 이해받았다'는 것은 모래상자치료사는 다른 치료적 기법에서 일어날지도 모르는 전이와 역전이 없이 모래상자를 꾸미고 진행하는 것을 중요시하기 때문에 모래상자치료를 통해 두려움 없이 펼친다.

외상 환자의 모래상자 목표

모래상자치료를 통해 외상 환자를 치료하는 첫 번째 목표는 내담자에게 안전감, 회복 그리고 관계의 경험을 제공하는 것이다. 이것은 통찰 그리고/혹은 인지적 재구조에 대한 관점보다 우선한다. 내담자에게 외상의 의미도 중요하지만 참고, 관리할 수 있는 과정이 더 중요하다. 이러한 일을 겪은 후에야 의미를 찾을 수 있다. 따라서 우리의 역할은 내담자 이야기를 들어주고 그 과정을 함께하는 동반자가 되는 것이다.

만약 내담자가 외상에 대해 말할 수 없다는 것은 증상반응이고 본질적으로 이야기할 수 없다는 것을 의미한다. 외상은 표현할 수 있지만 단지 외상의 재현을 통해서 표현되고, 결과적으로 내적, 외적 그리고/혹은 관계적 손상을 초래한다. 치료의 목표는 내담자에게 통제력을 회복시키고, 숙달감을 발달시키도록 도움을 주는 것이다. 모래상자치료과정을 통해 심리학적 · 신경생물학적 장벽을극복하도록 이야기를 말할 수 있도록 하고 새로운 이야기를 시작하도록 돕는다.

Chapter 11

연구와 평가

우리의 치료방법을 알리기 위해 임상연구는 아주 중요한 역할을 하고 있다. 임상을 통하여 치료과정과 치료로서의 효과를 알릴 수 있기 때문이다. 또한 연구 결과를 이론적 지식, 그리고 여러 치료 사례들과 함께 활용함으로써 우리는 내담자가 느낄 수 있는 치료 효과를 문헌으로 담을 수 있다. 모래상자치료의 문헌은 Lowenfeld의 *World Technique*(1950)와 Kalff의 *Sandplay*(1980)라는 책들로 우리에게 처음 소개되었으며, 아직도 같은 연구 분야의 문헌들과 임상 현장에서 기반이 되는 자료로 쓰이고 있다. 현재로선 모래상자치료의 효과를 증명할 확실한 증거를 획득하는 것이 불가능하다. 증거 기반 치료가 내담자를 위한 최상급의 치료방법이기 때문에, 증거가 없는 대신 꼼꼼히 설계되고 완성된 임상 연구가 매우 중요한 자료가 된다. 이 연구들은 치료사로서 내담자에게 치료를 적용할 수 있는 방법과 내담자나 그들의 보호자 그리고 다른 전문가와 치료의 효과를 소통하는 데 도움이 될 것이다. 모래상자치료가 증거 기반 치료로 발전될 수 있도록, Ray(2006)는 각 전문가들이 이 연구들을 통하여 자신만의 치료방법을 개발하고 실행할 것을 추천하며, 자신들이 수행한 치료의 명확한 지침이 담긴 책자를 개발하도록 장려한다. '행동화' 같은 과잉일반화된 범주의 사용보다는 현재 출판된 연구 결과물들은 정신건강 문제들에 관한 구체적이고 명확한 입증 자료가 포함된 표집단 통계자료가 포함되어야 한다.

Homeyer와 Morrison(2008)은 치료의 효능을 정확히 알기 위해서는 철학적인 의문들을 무시할 수 없음을 전문가 및 연구자에게 강조한다.

Wampold(Neill, 2006)는 내담자와 치료사 간의 관계, 치료에 대한 치료사의 능력과 신념, 그리고 내담자의 치료에 대한 희망 같은 일반적으로 치료에 영향을 미치는 요인 또한 무시할 수 없다고 지적한다. 이론을 기반으로 한 안내된 치료 지침서로 치료를 할 것인가? 일반적인 치료적 요인들만 사용할 것인가? 아니면 두 관점을 모두 동반하여 치료를 해야 할 것인가? 두 관점이 실질적이면서 신중하고 혁신적이며 잘 설계되고 재현 가능한 연구를 필요로 한다는 것에 동의한다.

연구는 독자의 편의를 위해 일반적인 범주로 구성하여 정리했다. 연구들은 매우 상세한 정보와 결과물을 지니고 있지만, 이 장의 범위를 넘어서므로 각 연구의 간략한 연구 목적과 설계에 대한 설명, 내담자의 신원과 그 선별과정, 치료 방법이나 절차, 그리고 결과의 핵심만 간단히 보고할 것이다. 가능한 경우, 현재 선호되고 있는 Cohen의 d 효과크기로 표현된 변화 방식을 연구 내용에 사용하였다. 독자는 그 숫자의 의미를 이해하기 위해 Cohen(1977)에서 알려 준 방법을 이용하며 $d=.2$는 작은 효과를, $d=.5$는 중간 효과를 그리고 $d=.8$은 큰 효과를 나타냄을 기억해 두어야 한다. 또한 연구들 중 특별히 관심을 끄는 연구가 있다면 그 연구의 원본을 찾아 살펴볼 것을 추천한다.

집단모래상자치료

집단모래상자치료는 널리 사용되고 있지만 실질적인 효과에 대한 연구는 드물다. 집단모래상자치료에 대한 통찰을 얻기를 기대하면서 Hughes(2004)와 McCown(2008)은 탐색적이고 기술적인 연구를 수행했다. 이러한 연구는 구성원이 집단 내에서 자기에 대한 내부작동 모델을 조절하는 우뇌의 역할에 대한 견해를 포함하고 있다. 뇌의 연구(Badenoch, 2008; Schore, 2009; Siegel, 1999)는 이 가설들을 지지한다. 또한 두 개의 유력한 경험적 설계 연구 프로젝트(Flahive, 2005; Shen, 2006)는 집단모래상자치료의 효과에 대한 긍정적인 결과를 보여 준다.

Hughes(2004)는 집단모래상자치료 단일 회기를 연구하였다. 현재로서는 집단모래상자치료에 대한 과정을 설명하는 연구가 없기 때문에 그녀는 가설을 실험하기보다, 가설을 세우는 데 중점을 두고 연구를 했다고 한다. 탐색적인 연구의 문제는 "심리치료사와 다른 전문가들이 집단의 모래상자 회기에 개입할 때 투사적 역동을 어떻게 이해하는가?"였다. 집단을 경험하고 있는 동안 참가자들의 언어, 참가자들과의 사후 면담, 그리고 그 자신의 반영을 질적 분석하는 삼각측량법을 사용하였다. 참가자들의 언어는 질적연구 분석으로 사용했고, 삼각측량은 질적연구 결과를 분석하는 동안 공감적 중립성을 확보하고 훈련하기 위해 사용됐다.

참가자들은 조건이 되는 30~65세의 3명의 남성과 11명의 여성 표본이었다. 이들은 모두 박사 수준의 전문가들이거나 박사과정 사람들이었다. 이들은 단일 집단모래상자 회기가 열릴 때 과학과 창의성의 학술회의에 참여하고 있었다. 참가자들은 동그란 탁자 위의 대략 2.5×2.5피트의 정사각형 모래상자를 소품과 함께 이용했다. 비디오 촬영은 한 회기에 2시간 정도 이어졌다. 이는 "소품을 선택해서 상자를 꾸미기, 개인적 설명, 생각 나누기, 발표와 토론을 통한 모래상자의 조정, 침묵과 토론에서의 조정, 발표를 통한 더 많은 조정 그리고 마무리의 분기"(Hughes, 2004, p. 81)로 나누어졌다. 참가자들에게 그들이 모래상자 안에 무엇을 만들어 내거나 어떻게 꾸미는지에 관해 구체적으로 알려 주거나 지시하는 일은 없었다.

연구는 의식적, 무의식적으로 우뇌에 개입하는 것은 집단문화적 역동의 전개와 더불어 '공유된 의미의 출현'을 가져온다. 이는 참가자들이 속한 여러 집단 구성원들이 소개하는 문화를 받아들이는 역할을 한다. Hughes(2004)는 "집단모래상자는 문화에서 전해지는 정신적 표현의 축소판"(p. 76)이라고 말했다.

Hughes는 연구 결과로 집단경험이 참가자들에게 공유하는 통찰력을 증가시키고, 이러한 것이 포함된 일반적인 문화의 관계 역동을 향상시켰다고 주장하였다.

McCown(2008)은 다양한 개별 모래상자 집단에서 2, 3학년의 연구를 수행했다. 그녀의 기술연구는 포괄적인 것에 초점을 두었다(지적 및 학습 기능의 범위에 있는 학생, 내향과 외향, 특수교육 서비스 받기, 두 성별의 범위). McCown은 학생들의 점차 커지는 다양성을 충족시키기 위해 학교의 증가하는 업무를 인정했다. 이 연구의 목적은 Kestly(2001, 2010)에 의한 개발로 개별 모래상자 집단을 탐구하는 것이었다. Kestly는 이 연구를 위해 자문 역할을 맡았다.

남자 3명과 여자 3명 등 총 6명의 학생들이 이 연구에 참가했다. 이들은 학교 교직원에 의해 의뢰되었다. 학생들은 자살이나 심각한 우울증, 현재의 정신건강 진단 여부나 혹은 이전에 모래상자치료 참여 여부에 따라 제외됐다. 이는 규준 표본이 있고 임의적으로 되도록 다양하게 포괄적으로 만들었다. 6명의 학생 집단은 일주일에 두 번, 10회의 모래상자 회기에 임했다. 학생들은 서로 근접하게 가까이서 각자의 개별 직사각형 상자로 작업했다. 학교 일정을 맞추기 위해 약간의 조정이 있었지만, Kestly가 설명한 대로, 다음과 같이 4단계로 진행되었다. ① 소품의 선택, ② 모래상자 꾸미기, ③ 학생들이 모래상자에 대해 이야기 나누기, 그리고 ④ 인사 활동으로 마무리하기다. 마지막 집단 회기는 학생들이 자신들의 모래상자 사진을 앨범으로 만들었다.

자료는 관찰 지침서, 면접 안내 지침서, 교사의 서면 검토 보고, 회기 지침서 및 모든 완성된 모래상자의 사진을 사용하여 수집되었다. 질적 분석은 부호화, 주제 그리고 자료의 삼각측량을 포함한다. 결과는 학생들이 개별모래상자 집단을 재미있는 경험으로 여긴다고 나타났다. 이는 각각의 학생에게 개인적으로 독특한 경험이었고 사회성이 개선되었음을 보여 주었다. 교사들은 개선된 언어적 · 사회적 기술을 보고했다. 그들은 특히 참가자들이 새로운 친구들을 사귀었고 더욱 활발해졌다고 말했다.

Flahive(2005)는 행동에 어려움을 가진 사춘기 전 청소년들을 연구했다. 이는 사전-사후 검사 통제 집단으로 설계되었다. 9~12세의 4학년 혹은 5학년인 참가지들은 빈에서 파괴적인 행동을 보이고, 다른 학생들과 문제가 있으며, 불안이나 슬픔, 위축된 증세를 보이는 학생들로서, 교사에 의해 의뢰된 참가자들이다(p. 367). 56명의 학생들은 실험집단이나 통제집단으로 무선 배치되었다. 성별과 인종에 따라 표본 추출되었다. 대기자 명단의 통제집단 참가자들이 치료개입을 받지 않았던 반면, 실험집단의 구성원들은 3개의 치료집단으로 더 나뉜 후 10주 동안 모래상자치료를 받았다. '아동을 위한 행동 평가 시스템'(Behavior Assessment System for Children: BASC; Reynolds, 1992)이 사전 및 사후 측정에 사용되었다. 부모들은 아이-부모 평가 버전(BASC-PRS)을, 교사들은 아이-교사 측정 척도(BASC-TRS)를, 아이들은 자기보고(BASC-SRP)를 완성했다.

집단모래상자치료사들은 Homeyer와 Sweeney(1998)의 지침을 따랐다. 즉, ① 방 준비하기, ② 참가자에게 소개하기, ③ 모래상자 만들기, ④ 후속 모래상자 만들기, ⑤ 모래상자 정리하기 그리고 ⑥ 회기 기록이다. 집단 구성원들은 소품을 보고, 자신들이 흥미로운 몇 가지를 고르고 원하는 만큼 사용할 수 있었다. 소품들을 상자 안에 배치한 후 학생들은 '모래에 세계를 꾸미기' 위해 소품을 쓰고 싶은 만큼 더했다. 모래상자치료사는 그들이 마칠 때까지 조용히 앉아 있을 것이라고 했다. 45분 회기 중에 30분을 상자를 만드는 데 할당하였다. 마지막 15분에는 자기의 상자에 대해 이야기를 공유하고 싶어 하는 사람들에게 주어졌다. 치료사는 상자의 이야기를 나눌 때 몇 가지 도움을 주는 질문을 했다. 집단 회기의 끝에는 모래상자를 손대지 않고 그대로 두었다. 치료사는 Homeyer와 Sweeney의 회기 양식 중 한 가지를 사용하여 모래상자의 사진을 찍고 문서화했으며, 회기를 진행하는 동안 중요한 집단 상호작용에 대해 기록하였다.

교사들의 보고에 따르면, 실험집단과 통제집단 사이에 의미 있는 차이점이 있었다. 문제 행동 총 점수는 d=.52 효과 크기로 나타났다. 이 차이는 모래상자치료집단(실험집단)이 약간의 개선을 보였고, 통제집단은 더 악화된 행동을 보인 것으로 반영되었다. 부모들의 행동 보고서에서는 변화를 보이지 않은 반면, 교사들의 보고서는 집단 간의 행동을 내면화하면서 d=.59로 의미 있는 변화가 나타났다. 부모들과 교사들은 각각 d=.54와 d=.63으로 외현화 행동의 영역에서 집단 간의 유의미한 변화를 보고했다. 이 조사는 앞서 언급한 영역에서 알아낸 중간 효과 크기를 나타낸다. 이는 모래상자치료집단은 매우 약간 개선되었지만 통제집단의 청소년 행동은 연구를 하는 동안 계속 악화됨을 보여주었다. 이 결과는 치료되지 않은 행동 문제와 정신건강 문제는 시간이 지날수록 악화된다는 것을 지지한다.

Shen(2006)은 37명의 7학년 여자 청소년들의 자존감 변화의 연구를 위해 집단모래상자치료를 사용하였다. 사전-사후 검사 통제집단 설계를 이용하여, 참가자들은 사전 검사 점수 평균을 기반으로 하는 집단에 배치되었다. 이렇게 해서 집단의 평균이 동등하도록 하였다. '아동 자기지각척도'(Self-Perception Profile for Children: Harter, 1985)가 사전 · 사후 자료를 모으는 데 사용되었다.

실험집단은 4명의 여자아이들로 구성된 5개의 집단으로 더 나뉘었다. 각 집단은 4주 반 동안 일주일에 두 번씩 50분간 총 아홉 번을 만났다. 여학생들은 안쪽에는 파란색으로 칠해진 지름 21인치의 원형 모래상자에서 꾸몄다. 이들은 장면을 만들도록 15분이 주어졌고, 나머지 35분은 그 장면의 과정을 진행하도록 남겼다. 집단모래상자치료사는 표준화되고 보편성을 촉진하는 집단의 기술을 사용하는 질문으로 과정을 촉진하였다. 집단은 관계, 사회적 인정, 외모와 같은 초기 청소년기의 여학생들에게 중요한 주제에 각 회기의 초점을 두었다.

자료분석(Split-Plot Analysis of Variance: SPANOVA)에 따르면, 집단모래상자치료에서 여학생들은 학업 능력에서의 자존감 영역(d=.68), 외모(d=.52), 전체적인 자기 가치감(d=.83) 그리고 품행행동(d=.64)이 개선되었고, 사회적 인정(d=.46) 영역에서 효과성이 검증되었다.

또한 Draper, Ritter와 Willingham(2003)은 청소년들의 집단모래상자 상담에 대해 연구했다. 연구 목적은 "참가자들이 개인적인 고민을 이야기하고, 사회화의 중요한 기술을 배우며, 지역사회에 대한 관심을 개발하도록 도움을 주는 것이다."(p. 244) 이 연구는 중 · 고등학생 대상의 대안학교에서 진행되었다. 이들은 자신들의 파괴적인 행동 문제와 규칙 위반 때문에 대안학교를 다니고 있었다. 대안학교를 다니는 모든 200명의 학생들은 이 실험을 제안받았고, 40명의 학생들이 학부모의 동의서를 제출하고 참가하였다. 26명의 학생들은 8주 동안 매주 집단 회기 경험을 하였다. 그들은 중 · 고등학교와 성별에 따라 7개의 집단으로 나뉘었다. 집단을 만들기 위한 여학생 수가 부족해서 성별을 약간 섞은 몇 개의 혼성집단이 있었다. 1시간 회기의 장면을 만드는 데 25분, 사진을 찍는 데 5분, 모래상자에 대한 과정을 진행하고 이야기를 나누는 데 남은 30분을 쓰는 것으로 시간을 구성했다. 자신의 모래상자에 대해 이야기하고 싶지 않은 학생은 그렇게 하도록 했다. 치료사는 공감과 간결한 반영, 적극적인 경청의 방식을 따랐다.

연구자들은 모래상자집단의 역동에 대해 다음과 같이 평가했다. 학생들은 약점을 표현하는 것이 증가하였고 방어를 해제하고 더 진실해졌다. 학생들도 전형적으로 경쟁적이고 공격적인 상호작용의 형태에서 변화하여 소품의 선택에 관해서 꽤 협조적이었다(p. 257). 집단은 상자를 꾸미는 단계 동안 다양한 상호작용이 발견되었다. 다른 이들이 중요한 문제에 대해 얘기하는 동안 몇몇은 조용히 있었고, 다른 집단은 오직 표면적인 주제에 대해서 이야기했다. 이야기를 나누는 단계에서 구성원들이 서로를 도왔고 관심을 가지는 공동체로 만들었다.

요약하면, Hughes(2004)는 집단모래상자치료의 과정을 다음과 같이 효과적으로 서술했다. "인지적 지각의 활용, 사고에 대한 이해, 사고에 영향을 미치는 요인이 집단모래상자 주변에서 다양하게 나타났다. 각 구성원은 다른 사람의 견해에 비추어 자신의 역할을 고려했다. 이러한 활동은 개방을 실천하고, 서로 들어줌으로써 이해를 증진시키며, 태도를 조절하고, 긍정적인 특성을 개발하고, 서로를 향한 행동을 개선할 기회를 제공하고, 이 전체를 잘 기능하도록 한다."(p. 8)

교실 행동

Zarzaur(2004)는 유치원생부터 4학년까지의 학생들의 행동 개선에 관한 교사들의 인식에 대해 연구했다. 이는 사전-사후 검사 통제집단으로 설계되었다. 유치원생부터 4학년까지의 참가자들은 교사, 교직원 및 학교 상담사에 의해 의뢰되거나 혹은 자발적으로 참가하였다. 그들은 무작위로 모래상자치료($n=13$)를 받거나 교실 행동 조절(classroom behavior management)($n=13$)을 받는 데 배정되었다. 사전-사후 처리의 자료는 Achenbach 아동행동척도(Achenbach Child Behavior Checklist: CBC; Achenbach, 1991)를 사용하여 담임선생님들에 의해 작성되었다.

2개의 치료집단 학생들은 매주 개별적인 회기로 30분씩 5회기를 만났다. 모든 학생들의 첫 번째 회기는 상담자와 학생이 무엇을 할지에 대한 문제를 정하는 초기 면접 회기였다. 나머지 4개의 모래상자치료 회기는 Homeyer와 Sweeney(1998)의 여섯 단계 지침서를 따랐다. 학생들에게 '모래에서 너의 세계를 만드는 것'으로 비지시적으로 제시되었다. 모래상자를 꾸미는 단계 동안, 상담자는 놀이치료에서 하듯이 말로 따라가며 반영해 주었다. 상자를 설계하도록 15~20분을 주고, 나머지 10~15분은 이를 진행하도록 하였다. 교실행동조절집단의 학생들도 상담자와 개별적인 면담이 4회기 있었다. Thompson과 Rudolph(2000)가 설명한 대로 부수적인 계약을 사용했다. 이는 서로가 받아들일 수 있는 목표를 설정하고, 이러한 목표를 이루는 행동 계약과 이런 목표들의 진전에 대한 토론을 담고 있다. 목표를 이루는 학생들에게는 보상을 주었고, 이루지 못하는 학생에게는 특권을 빼앗았다.

자료는 변량의 반복된 분산 분석(ANOVA)을 사용해서 분석되었다. 결과는 통계적으로 적응 행동 점수가 집단 내 혹은 집단 간에 의미 있는 차이가 없다는 것을 보여 주었다. 모래상자치료와 교실행동조절이 교사들의 CBC에서 평가한 치료의 전(각각 3.05와 3.67)과 후(3.46과 3.96)는 정상 범위에 있었다. 이는 담임교사가 학생들의 문제 행동을 보고 참가에 의뢰했지만, 적응 행동은 사전-사후 검사에서 정상 범위의 점수를 보여 준다.

그러나 CBC의 사전-사후 검사에서 특수한 문제 행동에서 두드러진 개선이 확인되었다. 교사들은 두 집단에서 행동의 증상이 감소하고 있음을 제시하였다. 모래상자치료와 교실행동조절의 총점 평균은 치료 이전에 임상적 범위였다(각각 64.15와 61.23). 사전 검사 집단의 평균은 모래상자치료 집단이 경계 범위(61.92)

에 있었고, 교실행동조절 집단이 평균 범위(59.00)에 있음을 보여 주었다. 성별에 관계없이 같은 결과가 나왔다.

Zarzaur(2004)는 학교가 효과성 때문에 행동조절기술을 사용하고 있다고 지적하며, 이는 모래상자치료 집단이 더 효과적일 수 있다는 것을 보여 준다고 하였다. 또한 주어진 모래상자치료의 개입은 학교 상담사와 교사의 시간을 덜 사용하기 때문에 모래상자치료가 선택의 개입이 될 수 있다.

나타나는 문제, 치료적 문제

Bonds(1995)는 대안학교에 다니고 있는 위험에 처한 저소득층 라틴계와 아프리카계 미국인의 청소년들(16~20세)을 연구하였다. 모든 학생들은 이전에 학교에서 자퇴한 적이 있다. Bonds는 이들 어려운 집단에게 모래상자치료로 작업하는 방법이 효과적으로 적용될지 알아보았다. 자료는 15명의 아프리카계 청소년들과 15명의 라틴계 청소년들의 초기 모래상자 만들기와 면접으로 모았다. 각 학생들에게 마르거나 젖은 직각 모래상자를 선택하도록 하고, 대략 600여 개의 소품을 사용하도록 했다. 자극은 일반적이었다. "네가 원하는 것은 무엇이든지 꾸며 봐. ……원하는 시간만큼 하렴. 나는 네가 끝냈을 때 두 개의 사진을 찍을 거야."(p. 38)

내용 분석은 두 인종 집단의 유사점과 차이점을 확인하기 위해 실행됐다. 이원분산분석은 사용된 소품의 종류 및 숫자와 꾸미는 과정에서 개인적인 즐거움을 분석하였다. 여학생들과 라틴계 청소년들은 상당히 많은 동물 소품을 사용하였다. 남학생들은 공격적인 사람 소품이나 대상들을 많이 사용했으나, 라틴계 청소년들은 공격적인 소품들을 사용하지 않았다. 두 집단은 이 경험을 매우 즐거워하였다. 여학생들 100%와 90%의 남학생들이 다른 모래상자를 만들고 싶어 했다. 두 집단은 많은 수의 같은 인종의 사람 소품을 사용하는 동안에 다른 인종의 소품도 사용해서 통계적으로 의미는 없었다.

Artico(2000)는 어릴 때 따로따로 온 이민 때문에 부모와 헤어져 있다가 나중에 다시 합친 기억과 지각이 있는 라틴계 청소년들을 연구하였다. 이 연구는 라틴계 미국인과 함께 일하는 전문가와 다른 이민자들에게 가족의 경험을 통합하고 깨진 관계를 회복하도록 도와주기 위한 통찰력을 제공하는 데 있다. 15~19세의 라틴계 3명의 남자 청소년과 4명의 여자 청소년은 심층면접과 모래상자 활동에 참여하였다.

Artico는 주제별 설계를 사용하여 부모로부터 분리에 대한 문제와 이런 이유가 자신과 다른 사람과의 관계에 미치는 영향에 초점을 두었다(p. 194). 부호화 면접을 하는 데 사용된 컴퓨터 프로그램 N-Vivo(1994)는 30개의 범주로 만들었다. 모래상자는 Ryce-Menuhin(1992)이 개발한 8개의 기본 소품의 주제를 사용해서 묶었다. 이 유형은 치료사에게 모래상자의 의미와 이를 꾸민 사람의 의미를 볼 수 있는 통찰력을 제공한다. 모래상자는 Erica 평가 방법(Erica Method of Assessment; Sjolund & Schaefer, 1994)에 따라 구조의 타당한 요소와 내용 분석에 대해 평가하였다. 모래상자는 미국 이민에 대한 불안, 우울과 후회를 나타냈다. 미국에서 새로운 생활과 보육사 부모와 삶의 관계에 대해 고민이 적은 사람의 상자와, 더 혼란된 정서와 적응하는 데 어려움을 가진 사람과의 상자에서는 많은 차이점이 있었다. 면담은 유기, 희생, 나눠진 애국심, 역할 반전, 상실, 죄책감, 수치심, 손상된 행복 그리고 영웅 등으로 분류되었다. 정신건강 상담자를 위한 시사점은 더욱 개방적이고 자주 수용적, 공감적 의사소통을 촉진하기 위해 이전의 보육사와 경쟁하거나 비판을 피하기, 돌봄의 연속성 대 불연속성의 영향에 대한 인식, 조건 없는 사랑의 행동을 확인하는 것이다. 결정적으로 불안정한 애착 때문에 종종 위험에 더 놓인 학생들에 대해 치료를 의뢰하고 이러한 역동에 대해 교육할 기회를 제공했다.

Mason(1986)은 결혼 만족도와 개인 특성 사이의 상호 의존 관계를 연구하였다. 이 반복된 측정 설계는 상자에 대한 설문조사와 서면 보고서를 모두 사용하여 관찰과 자기보고를 통해 자료를 수집했다. 여덟 쌍의 부부들은 대학졸업 수준의 의사소통 및 심리학 수업에서 모집하였다. 네 쌍의 부부들이 상당한 결혼 고통을 표시했고, 다른 네 쌍은 그렇지 않다고 하였다. 부부들은 평균 2년 동안 결혼생활을 했다(6개월에서 4년). 남성의 중간 연령은 34세, 여성은 30세였다. 3개월에 걸쳐서 부부는 개별 상자 꾸미기를 시작했다. 다음엔 세 쌍의 부부들이 모래상자를 구성했다. 경험은 최종 개별 모래상자로 끝났다. 부부 모래상자는 무엇을 꾸밀 것인가 결정하는 것, 무엇을 포함시킬 것인가, 차이를 절충하는 방법, 내용 및 구역을 나누거나 공유하는 것에 대한 역동을 포함하고 있다. 모래상자 만들기는 연구원이 개발하고 문헌에 기반된 체계에 따라 채점하였다. 평정은 다음을 포함하였다. 생명이 없는－인구가 밀집된, 평화로운－공격적인, 텅 빈－과도한, 경직－혼란, 흔한－독특한, 방호－개방, 전반적인 느낌에서 긍정적－부정적 경향, 그리고 공간의 나눔이다. 면담은 문제해결을 위한 개인적 접근, 일치, 불일치, 유머, 공격성, 이해의 접근, 느낌을 말하고 몸짓의 느낌으로 부부－중심 문제해결로 부호화되었다. 질적 분석은 고통을 받지 않은 부부가 시간이 지남에 따라 자신의 공유된 모래상자 꾸미기에서 하나의 줄거리를 개발하는 것으로 나타났다. (결혼생활에서) 고통을 받지 않은 배우자는 개인 및 부부 모래상자에 모두 자신이 맺어져 연결됨을 강조하고, 고통받는 상대 부부보다 더 친밀함과 분리됨을 느낄 수 있었다. (결혼생활에서) 고통받는 부부는 함께일 때와 떨어져 있을 때 관련된 문제들을 표현하고, 어느 정도의 친밀감이나 거리감이 적절한지에 대해 동의하지 않았다.

평가

평가 영역에서 경험적 연구는 극히 미미하다. 개발연구는 1934년에 Charlotte Buhler의 선구적인 연구(1934)로 시작되었고(Bradway et al., 1981,재인용) 그녀의 연구는 후에 진단평가로 바뀌었다. Buhler는 자신의 진단기법을 'World Test'로 이름 지었고, 나중에는 'Toy World Test'(1951a)라고 지었다. 그녀는 임상과 비임상 집단 사이에서 상당한 차이점을 발견했지만, 임상 집단 내의 진단에서는 차별화하지 못했다. Buhler는 비엔나, 런던, 오슬로, 네덜란드 및 미국의 174명 아동이 만든 세계를 비교하였다. 그녀는 사용한 소품의 수, 사용되거나 빠진 소품의 유형, 상자 안의 배치에 따라 상자의 점수를 매겼다. 질서, 무질서, 도식적이거나 현실적이거나 분산적이거나 밀접함에 따른 기준으로 식별하였다. Buhler는 이후에 임상 서비스를 필요로 하는 사람들을 구별하여 다음과 같은 일곱 가지 특징, 즉 ① 50개 미만의 물건, ② 5개 혹은 미만의 소품의 분류, ③ 남성이나 여성의 사용의 회피, ④ 공격적인 물건의 사용(군인, 야생동물의 공격 등), ⑤ 닫힌 세계, 구조물에 울타리 쳐짐, ⑥ 재료들이 지나치게 획일적이고 일렬로 서 있는 세계 그리고 ⑦ 무질서한 세계, 혼돈된 배치 등을 확인하였다. Buhler는 상자가 정서불안의 조짐으로 확인되기 위해서는 2개나 2개 이상의 특징을 나타내야 한다고 보았다. 비임상군에서는 상자에서 하나의 특징을 찾을 수 있다고 하였다.

다음 연구원들은 임상 집단을 비임상 집단으로부터 구별하는 법을 알아냈다(Fujii, 1979; Harper, 1991; Lumry, 1951; Mitchell & Friedman, 1994; Petruk, 1996). Lumry는 일반 아동, 말더듬, 내향인 그리고 정신지체아동으로 분류된 아동들의 모래세계를 평가했다. 각 집단은 6.5~9.5세의 25명 아동들로 선발됐다. 일반 아동 집단에서는 25명 중 누구도 Buhler가 초기의 발견을 뒷받침할 특징 중 한 가지 이상이 나타나지 않았다. 나머지 75명 중에서는 3명의 아동들만이 아무런 특징을 보이지 않았다. 그러나 Lumry의 연구에서는 이 세 임상 집단 사이를 구별하지 못하였다.

Fujii(1979)는 10~14세의 일반 소년, 비행소년 그리고 정서적으로 장애가 있는 소년으로 이루어진 20명을 연구했다. 소년들은 2~3주 간격으로 두 개의 상자를 만들었다. 8~10명의 심사위원들은 비행소년들이나 정서적으로 장애가 있는 소년들이 지은 상자를 확인하였다(평정 자간 신뢰도, $p=.001$).

Petruk(1996)은 기술 연구에서 가정에서 분리되어 아동보호서비스에서 지내는 비임상 아동들을 비교하였다. 그녀는 아동들이 첫 번째로 만든 모래상자로 정신건강 서비스를 필요로 하는가를 올바르게 식별하는지 알아내고 싶어 했다.

Petruk에게 9~11세 20명의 비임상 아동들과 8명의 임상 아동들이 있었다. 연령은 피아제의 구체적 조작기에 맞게 선택되었다. 아동들은 모래상자를 꾸미기 위해 소품을 쓰도록 권유받았다. "원하는 만큼의 소품을 이용해서 모래상자에 세계를 꾸미거나 만들어 주세요. 난 여기에 앉아 있을게요."(p. 75) 아동들은 만들고 난 다음 모래상자 꾸미기에 대해 이야기할 시간으로 30분이 주어졌다. 이 회기는 녹화됐으며, 완성된 모래상자는 사진을 찍었다. 상자는 Buhler(1951a), Bowyer(1970), Grubbs(1995) 그리고 Harper(1991)가 배합하여 만든 체크리스트를 이용하여 점수를 매겼다. 연구 결과는 상자에서 구성 과정 및 만들어 놓은 세계 모두에 대해 확인되었다. 임상 아동 및 비임상 아동들은 사전지식이 없는 검토자에 의해 사진으로 기록을 확인할 수 있었다.

모래상자 꾸미기는 전쟁으로 영향을 받은 아동의 탄력성을 확인하기 위한 몇 가지 평가 방법 중 하나로 쓰였다. Fernando(2006)는 스리랑카 전쟁에서 아동들의 적응 혹은 부적응 발달을 촉진하는 것을 연구하였다. 연구는 5~18세의 62명 고아와 25~80세의 15명 보육사에게 실행했다. Fernando는 우선 정서적 반응과 내면화의 어려움을 평가하기 위해 모래상자를 사용하였다. Jones(1986)가 개발한 모래상자세계 관찰척도(Sandtray World View Scale)는 인지발달에 대한 또 다른 시각을 제공한다. 이것은 인지발달에서 나이보다 뒤처진 두 명의 아동들을 확인했다. 이 두 아동은 전쟁고아라는 주어진 삶의 경험에서 제일 높은 위험군에 속한 아동이었다. 이들은 마을의 공습 속의 살해, 가족과의 분리를 목격했다. 모래상자에서 확인된 인지수준은 일반적으로 Goodenough-Harris 그림검사(Goodenough-Harris Drawings)의 결과로 평가되었다. 모래상자 구성과 이야기는 Kurt Fischer의 구조적 분석(Kurt Fischer's Structural Analyses; Fischer & Bidell, 2006)에 따라 분석되었다. 이는 이야기와 화법의 개념적 복잡성은 나이와 함께 증가함을 나타낸다. 모래상자 이야기의 임상적 조망은 비문제군과 전쟁의 내용을 가지고 있는 비문제군, 그리고 전쟁과 관련된 잠재적 임상군 사이에 상당한 차이점을 보여 주었다(p. 114). 세 집단 사이의 차이의 카이-스퀘어 분석은 $p < .002$로 상당했다. 전쟁고아들의 모래상자세계의 50%는 '전쟁경험, 죽

음, 가난, 상실과 유기의 주제'를 갖고 있었고, 모래상자는 임상적 내용과 관련된 이야기를 갖고 있는 것으로 확인되었다. 그러나 임상적 관점의 이야기를 가진 것으로 확인된 아동들은 또한 학업 동기, 또래관계 그리고 사회적인 행동 영역에서 유능한 것으로 확인되었다(p. 118).

Howell(1999)은 아동들의 인지능력 영향과 그들의 위험과 사별의 정도가 적응과 위험의 개념에 영향을 준 것에 대해 조사하였다. 60명의 5~12세 아동들(평균 나이 8년 4개월)은 30명씩 사별 집단과 비사별 집단으로 연구에 참가하였다. 사별한 집단은 지난 5년 안에 가까운 사람을 잃은 경험이 있는 아동들이다. 모래상자 실험은 이 연구를 위한 몇 가지 측정방법 중 하나다. 모래상자 측정은 이 연구를 위해 구체적으로 설계되고 검증되었다. 이는 위험과 죽음, 죽음에 사로잡힘과 방어 지수를 포함한다. 아동들은 단순하게 "모래를 꾸며 보세요." 정도의 비지시적 지시를 받았다. 카이-스퀘어 분석을 사용하여, 죽음에 사로잡힌 지수($p=.43$) 혹은 방어 지수($p=.50$)의 두 집단 간의 의미있는 차이를 찾아내지 못했으나 위험과 죽음 지표에서 유의미한 차이($p=.03$)를 찾아냈다. 사별 집단에서는 64%의 아동들이 위험과 죽음의 지표를 나타냈고, 비사별 집단은 37%가 그렇게 나타냈다. 흥미로운 발견은, 두 집단의 아동들이 자발적으로 상징을 배치했고 죽음의 주제로 그들의 모래상자에서 놀이했다는 것이었다(비사별은 53%, 사별은 43%). 모든 아동들을 비교하는 동안, 남자아이가 여자아이보다 죽음과 위험에 더 몰두하는 것으로 나타났다. 이는 아마도 남자아이가 죽음과 위험에 대한 지표 점수 항목 중 하나인 공격적 주제를 더욱 많이 보였기 때문일 것이다. 이는 다른 남자아이들이 모래상자에서 놀이한 것과 일치한다.

비임상군의 모래상자

모래상자에서 내담자의 작업과 비임상 집단과의 차이를 아는 것은 중요하며, 모래상자치료사에게는 중요한 기본 지식이다. 여러 연구자들은 이 분야를 연구하였다. 이 연구들은 정상인 혹은 전형적인 사람이 만든 모래상자의 특징들을 들여다본다.

Burke(1996)는 일반 아동들이 초기 모래상자에 만든 것을 확인하는 연구를 했다. 교사가 7~11세 30명의 아동들을 정서적으로 안정되어 있고 잘 적응하고 있다고 판단했다. 이 나이 범위는 피아제의 구체적 조작기에 맞추기 위해 사용되었다. 각 학생은 30분간 회기에서 상자 꾸미기 단계 동안 관찰되었다. 전체 소품의 수와 사용된 식물소품, 온순하거나, 공격적, 두 개의 소품 간의 상호작용/인간관계 주제들, 그리고 물과 관련된 소품이 분석되었다. 장면이 완성된 후에, 아동은 상자의 내용에 대해 말할 기회를 받았다. 자료는 기술 통계를 이용하여 이전에 언급된 주제와 소품의 개수와 성별의 차이를 보기 위해 독립적 t-검사와 카이-스퀘어로 분석되었다. 빈약하거나 비어 있는 상자는 없었다. 모래상자 전체 공간을 점유한 대부분의 장면은 조직적이고 응집력이 있었다. 보다 어린 아이들은 평균 64개보다 많은 소품을 사용하였다. 남자아이들은 단호한 위협과 갈등, 투쟁과 역경의 주제를 보였다. 남자아이들은 뚜렷하게 공격적인 주제가 많았다(p=.003). 여자아이들은 종교적이고 영적인 주제를 더 많이 보였다(p=.011). 외로움, 고독 혹은 명백한 성적인 주제는 두 성별 모두 드물었다. 또한 경직되고 지나치게 울타리를 친 장면은 없었다. 소품의 전체 수와 식물의 사용 혹은 온순한 주제에는 뚜렷한 성별 차이가 없었다. 47%의 아동들이 장면에 물을 사용했지만 성별 간에 뚜렷한 차이는 없었다.

Cockle(1993)은 6세 11개월~8세 7개월(2, 3학년들) 범위의 5명의 '적응군'과 '부적응군' 5명의 아동들의 모래상자를 비교했다. 모든 아동들은 학교 상담사들이나 교사들에 의해 선발됐다. 적응군 아동이란 교사나 친구와 잘 지내고, 배우는 방법에서 평균적인 발전을 보이는 아동이다. 부적응군 아동은 교사나 친구와 잘 지내지 못하고 자신의 학년 수준에 필요한 학업 능력을 습득하는 데 실패하는 아동으로 정의되었다.

아동들은 2개월에 걸쳐서 각각 4개의 모래상자를 만들었다. 아동들은 소품과 함께 마른 모래상자와 젖은 모래상자를 사용할 수 있었다. 아동들은 30분 회기 동안에 "원하는 소품을 무엇이든 사용하여 모래에서 꾸며 주세요."(Cockle, 1993, p. 3)라고 안내받았고, 모래상자가 완성되면 아동에게 상자를 꾸민 것에 대해 설명해 주길 요구했다.

마르거나 젖은 모래상자의 용도의 차이점은 별로 없었다. 그러나 적응군 아동들(coping children: CC)은 같은 회기 내에서 결코 두 가지 상자를 사용하지 않았다. 부적응군 아동들(difficulty-coping children: DCC)는 한 회기 내의 주어진 시간 40% 동안 두 가지 상자를 사용했다. 물을 더하거나 모래를 움직이거나 씻는 행동을 하는 것 또한 별다른 변화가 없었다. CC가 14%의 시간 동안 소품을 파묻는 반면, DCC는 63%의 시간 동안 소품을 묻었다. 또한 DCC는 소품들을 상자 밖에 더 자주 배치를 했다(5~17%). Cockle은 이 발견이 DCC가 경계 및 제한을 준수하는 데 어려움이 있다고 했으며, 그들의 정서적 문제는 압도적이었다고 하였다. CC는 주로 정적인 모래상자인(8~86%) 반면, DCC는 더욱 활동적인 모래상자였다(14~92%). Cockle은 DCC의 활동 세계는 모래상자 과정에서 고도의 정신적 에너지로부터 방출되어 나온 결과인 반면에, CC의 정적 세계는 더욱 평온하고 안정적인 내면세계를 반영한다고 보았다.

분류별로 사용되는 소품의 수는 아마도 상징적인 과정을 사용하는 그들의 동등한 능력을 반영한 것으로 상징적인 소품에 대한 CC와 DCC 거의 동일했다. DCC는 더 사나운 야생동물(20~42)과 잔인한 소품(1~8)을 사용했다. Cockle은 그들의 세계가 더 위협적이고 위험한 것을 의미하는 것으로 보았다. 군대 소품(9~127)의 사용 증가는 힘에 대한 필요로 볼 수 있다. DCC는 아마도 그들의 내부와 외부 세계의 부족한 생활과 성장과 관련되어 겪은 내용으로 사용되었을 것이다. 훨씬 적은 풍경 소품(128~218) 더 적은 교통수단 소품들은 운동감과 진전감의 경험 실패로 보인다(3~26). 더 적게 사용된 집은 너무 위협적으로 보여 상을 사용하기를 꺼려하는 것으로 볼 수 있다(39~88)(pp. 12-13).

주제별로 몇 가지 두드러진 차이점이 있다. CC는 안전, 권능 및 의존감의 주제를 보여 준 반면(각각 15%, 15%, 25%), 투쟁(5~40%), 죽음/파괴(5~25%)와 위험/위협(5~20%) 주제를 보여 주었다. Cockle은 이 주제들이 아마 CC는 안전한 신체적 환경에서 안전, 의존, 권한, 상상세계 출현이 나타나는 것으로 보았고, DCC는 죽음/파괴, 위험/위협, 투쟁 및 복원의 진행 순서로 융의 투쟁 단계를 통과하고 있음을 반영하는 것으로 보았다.

마지막으로, DCC의 모래상자 세계는 사람이 더 없고(50%), 황무지(75%)이며, 불균형(17%)인 반면, CC는 더 생명력 있고(38%), 사람이 많고(67%), 조직적이고(71%), 균형적(62%)인 세계였다(pp. 14-15). 언급하였듯이, CC는 불균형한 세계를 절대 꾸미지 않았으며, 실제로 무리 짓는 특성에 차이는 없었다(12~14%).

연구와 평가 작업이 상담자에게 중요하지 않더라도 모래상자치료의 효과를 확립하는 기초자료와 증거를 확립하는 일은 중요하다. 연구를 신뢰하는 것은 독자의 작업에 도움을 줄 것이며 내담자를 치료할 때 아이디어를 제공할 것이다. 효과적인 치료의 형태로 타당화하기 위해서 지속적으로 노력하는 연구자들을 격려한다.

부록 A

회기 기록과 양식

모래상자치료의 회기 내용과 세부 사항을 구성하는 것은 놀이치료부터 성인의 언어치료까지 다양하다. 회기를 기록하기 위해 개발해 놓은 두 가지 양식이 있다. 독자는 필요에 따라 자유롭게 이 양식들 중 어느 것이나 복사하여 사용하기를 바란다. 혹은 이 양식들에서 아이디어를 얻어 필요에 맞게 응용해서 사용하는 것도 좋은 방법이다.

모래상자치료 회기 요약

이 두 가지 양식에는 사진을 붙이거나, 이미지 파일을 끼워 넣거나 모래상자에서 꾸며진 장면을 그릴 수 있는 공간이 있다. 이것은 대충 스케치하여 재빨리 사용할 수 있다. 사용된 특정 소품들의 기록과 함께 이러한 스케치 정도면 나중이라도 필요하면 자세한 것을 생각해 내는 데 충분할 것이다. 화살표는 소품이 어느 방향을 향하거나 마주하는 것을 보여 주기 위해 그려 넣을 수 있다.

상담사, 놀이치료사 그리고 모래상자치료사의 교육과 슈퍼비전 중에 알게 된 사실은 훈련과 교육 목적을 위해 모래상자 사진을 사용하는 데 동의서를 사용하는 일이 드물다는 것이다. 여기에 모래상자치료사가 현장에서 사용할 수 있는 각 견본들을 첨부하였다. 이것들은 복사하여 이용하거나 필요에 맞게 응용해서 사용할 수 있다.

모래상자치료 회기 요약

날짜: ______________ 회기: ______________ 사진: ______________

내담자 이름: ______________ 상담자: ______________

I. 내담자 접근: 적용되는 모든 것에 줄을 치세요.

시작의 용이함/어려움
완전한 몰입의 가능/불가능
소품의 사용:
시간의 사용: 전체/부분
회피:
공간의 사용: 전체/부분
잡고 있음/쓰다듬음:
물의 사용: 예/아니요
결단/주저함
내부적/외부적 조종
목적 있음/없음
언어적/비언어적
기타:
배치했다 치움:
장면 수:

II. 객관적 관찰: 적용되는 모든 것에 줄을 치세요.

A. 모래상자 구성:

텅 빈…과도한
개방…닫힌/막힌
활동적…정지한
아이디어 하나…여러 개
경직…현실적
정돈된…무질서/혼란
사람 없음…있음

B. 소품 사용

사람: ______________
동물: ______________
식물: ______________
건물: ______________
울타리/표지: ______________
만화/영화: ______________
환상적/영적: ______________
가정용품: ______________
조경/자연적: ______________

C. 장면을 꾸미는 동안 의미 있는 이야기

III. 평가: 일반적 인상/임상적 해석

A. 주제: 적용되는 모든 것에 줄을 치세요. 소품이나 배치를 통해 주제가 어떻게 표현되는지 기술하세요. 우세한 주제에 동그라미로 표시하세요.

갈등/폭력:

공격성/분노/복수:

죽음/상실/비탄/포기:

숨기는/매장:

힘/통제:

무기력/불충분한:

공허함/우울함:

안전/방어/보호:

관계:

영적:

기타:

B. 상자의 토론: 제목

C. 내담자와 내담자과정의 개념적 해석:

IV. 계획/권고사항:

모래상자 워크시트

날짜: ____________ 회기: ____________ 사진: ____________

내담자이름: ________________________ 상담자: ____________

모래상자 제목: ________________ 젖은 ________ 마른 ________

모래상자 묘사: ___정돈 ___혼란 ___평온 ___적대적

___폭력적 ___우울 ___치유적/도움적

___개방 ___폐쇄 ___숨기는/매장

___기타(설명: ________________________)

소품 선택: 사람: ________________________

동물: ________________________

식물: ________________________

건물: ________________________

울타리/표지들: ________________________

만화/영화: ________________________

환상적/영적: ________________________

가정용품: ________________________

조경/자연적: ________________________

모래상자를 만드는 동안 내담자의 언어적 · 정서적 표현 묘사:

____

____

____

내담자가 제공한 모래상자에 대한 이야기(은유/주제) 묘사:

____

____

____

상자의 토론 요약:

과정의 개념적 해석:

계획/의뢰:

동 의 서

나는 내담자가 되기에 앞서, 상담과 모래상자치료에 대해 이해할 수 있도록 충분한 정보를 받았다는 것을 확인합니다. 이 정보들은 상담 기관의 특성, 상담사의 전문가로서의 정체성과 자격 요건, 상담에서 있을 수 있는 위험과 이점, 법적 · 윤리적 한계를 포함한 비밀보장, 그리고 유효한 대안적 기법들이 포함되어 있습니다. 여기에만 제한되어 있는 것은 아닙니다. 나의 모든 질문에 대해 충분한 답변을 받았습니다.

나는 아래의 상담자가 모래상자치료에 참가하는 것을 원하고 동의합니다. 치료계획을 수립하고 정기적으로 치료의 목표를 다시 재검토할 필요성을 이해하고 이 과정에 적극적으로 참여할 것을 동의합니다. 나아가, 상담의 결과나 모래상자치료과정에 대한 어떠한 보장도 받을 수 없음을 이해합니다.

모래상자치료의 사진 기록이 있을 것이고, 이 사진들은 모든 적용 가능한 법적 · 윤리적 비밀 보장의 원칙이 준수되는 가운데 영구적으로 내담자의 기록의 일부가 됨을 이해합니다.

약속의 취소는 늦어도 24시간 전에 이루어져야 하며, 미리 취소하지 않거나 오지 않는 경우 그 시간에 대한 지불을 해야 하는 것을 이해합니다.

위의 모든 사항을 읽고 이해하였으며, 자발적으로 상담과 모래상자치료에 동의하는 것을 아래에 서명하는 것으로 확인합니다.

내담자 서명 ______________________ 날짜 ____년 ____월 ____일

미성년 내담자 : 나는 __________(내담자)의 법적 후견인임을 확인합니다. 나의 서명은 내가 위의 진술된 사항을 읽고 이해했으며, __________(내담자)를 위한 상담과 모래상자치료에 자발적으로 동의함을 아래의 서명으로 확인합니다.

내담자의 부모 혹은 법정 보호자 서명 __________(서명 또는 인) ____년 ____월 ____일

치료사 서명 ______________________(서명 또는 인) ____년 ____월 ____일

교육적 목적을 위한 회기 녹화와 모래상자치료 녹화의 허가와 권리 양도

나는 교육이나, 슈퍼비전, 다른 치료사와 자문 혹은 출판을 위해 당신의(당신의 자녀의) 영상이나 사진 자료를 사용하고 싶습니다. 이러한 목적을 위해 이 기록을 만들고 사용하는 데 당신의 허락을 받기를 바랍니다.

- 회기의 음성 또는 녹화 기록
- 모래상자의 사진, 그림 혹은 예술 작품의 사진

치료작업으로부터 이 자료들을 사용할 때, 이것을 듣고, 읽고 혹은 보는 누구도 내담자를 확인할 수 없으며, 따라서 나는 당신이나(당신의 자녀나) 이와 관련된 누구든 이를 확인할 수 있는 모든 이름, 날짜, 장소 등 기술된 다른 어떤 정보도 지워서(명백하게 바꿈) 당신이나 당신의 내담자의 신원을 감출 것입니다.

이 자료들은 오직 정신건강 전문가와 또는 학생들에게만 보일 것입니다. 이들은 내담자의 사생활 보호에 관한 주 법률, 혹은 직업적 규칙하에 있으며, 이를 지켜야 할 의무가 있는 사람들입니다.

나는 이 모든 자료들을 안전한 장소에 보관할 것이고, 이 자료가 더 이상 필요 없을 때 그것들을 모두 파기하겠습니다.

다음을 읽고 서명하기를 요청합니다.

내담자 또는 내담자의 부모 또는 후견인:

나는 위에 기술된 영상과 사진에 대해 동의합니다. 그 기록의 목적과 가치는 나에게 충분히 설명이 되었고, 난 자유롭게 기꺼이 이 기록에 동의합니다.

이 동의는 아래에 이름이 적힌 치료사에게 귀속되며, 어떤 특정한 회기나 연구에 기록되는 것을 원치 않는다고 해서 어떤 부정적인 결과도 없을 것이라는 것을 압니다.

아래에 적힌 치료사에게 연구와 교육 또는 다른 직업적 목적을 위해 기록들을 사용하도록 허락합니다.

이 자료들이 정신건강작업을 개선하고, 정신건강 종사자들을 훈련시키는 과정에 하나의 보조물로 사용될 것을 이해합니다.

이 전문가들이나 학생들은 내담자의 사생활 보호에 관한 주 법률이나 직업적 규정하에 있다는 것을 이해합니다.

아래에 적힌 치료사가 위에 서술된 목적을 위해 이 기록에 관한 모든 권리의 유일한 소유자가 되는 데 동의합니다.

내담자 이름 ______________________ 날짜 ____년 ____월 ____일

내담자의 부모 혹은 법정 대리인 ________(서명 또는 인) ____년 ____월 ____일

치료사 이름 ________________(서명 또는 인) ____년 ____월 ____일

부록 B

자원

소품

Anna's Toy Depot
2620 S. Lamar Blvd
Austin, TX 78704
Phone: 1-888-227-9169
Fax: 512-447-4506
www.annastoydepot.com

Child Therapy Toys
Phone: 1-866-324-7529
Fax: 512-347-7189
E-mail: toys@childtherapytoys.com
www.childtherapytoys.com

Constructive Playthings
13201 Arrington Rd.
Grandview, Missouri 64030
Phone: 1-800-448-7830 toll free
Fax: 816-761-9295
www.ustoyco.com

The Feelings Company
30101 Town Center Drive, Suite 110
Laguna Niguel, CA 92677

Phone: 1-800-347-5017
Fax: 949-363-0206
E-mail: feelingscompany@cox.net
www.feelingscompany.com

Lakeshore Learning Materials
2695 E. Dominguez St.
Carson, CA 90895
Phone: 1-800-421-5354
Fax: 310-537-5403
www.lakeshorelearning.com

Toys of the Trade
838 E. High St. #289
Lexington, KY 40502
Phone: 1-866-461-2929
Fax: 1-866-803-3781
www.toysofthetrade.com

모래상자 비품(상자, 선반, 카트)

Aspen Sand Trays
601 Montclaire SE
Albuquerque, NM 87108
Phone: 505-270-7913
E-mail: charlielm@comcast.net
www.aspensandtrays.com

Lakeshore Learning Materials
2695 E. Dominguez St.
Carson, CA 90895
Phone: 1-800-421-5354
Fax: 310-537-5403
www.lakeshorelearning.com

Ron's Trays
Phone: 707-894-4856

E-mail: sandtrayman@gmail.com
www.sandtrays.com

Rose Play Therapy Toys
3760 Travelers Court
Snellville, GA 30039
Phone: 1-800-713-2252
Fax: 770-760-0624
www.roseplaytherapy.net

Self-Esteem Shop
32839 Woodward Ave
Royal Oak, MI 48073
Phone: 1-800-251-8336
Fax: 248-449-0442
www.selfesteemshop.com

자신의 자원을 추가하세요

부록 C

참고도서 목록

다음의 목록은 모래상자치료과정을 배우는 데 도움이 될 수 있는 책들을 찾은 것이다. 이 책들은 이론적이고 기술적인 접근들이 다양하게 나와 있다. 관심이 있는 독자는 개인적으로 또는 전문적으로 자신과 어울리는 자료들을 선택하도록 권한다.

Allan, J. (1988). *Inscapes of the child's world: Jungian counseling in schools and clinics*. Dallas, TX: Spring Publications, Inc.

Ammann, R. (1991). *Healing and transformation in sandplay: Creative processes become visible*. La Salle, IL: Open Court Publishing Company.

Armstrong, S. (2009). *Sandtray therapy: A humanistic approach*. Dallas, TX: Lubic Press.

Bradway, K. (1997). *Sandplay: Silent workshop of the psyche*. London: Routledge.

Bradway, K., Signell, K. A., Spare, G. H., Stewart, C. T., Stewart, L. H., & Thompson, C. (1981). *Sandplay studies: Origins, theory, and practice*. San Francisco, CA: C. G. Jung Institute.

Bradway, K., Signell, K. A., Spare, G. H., Stewart, C. T., Stewart, L. H., & Thompson, C. (1988). *Sandplay studies: Origins, theory, and practice* (2nd ed.). Boston: Sigo Press.

Bratton, S., Ray, D., Rhine, T., & Jones, L. (2005). The efficacy of play therapy with children: A Meta-analytic review of the treatment outcomes. *Professional Psychology: Research and Practice, 36*(4), 376-390. doi:10.1037/0735-7028.36.4.376.

Carey, L. J. (1999). *Sandplay therapy with children and families*. Northvale, NJ: Jason Aronson Inc.

DeDomenico, G. S. (1995). *Sandtray world play: A comprehensive guide to the use of the sandtray in psychotherapeutic and transformational settings*. Oakland, CA: Vision Quest.

Dundas, E. T. (1978). *Symbols come alive in the sand*. Aptos, CA: Aptos Press.

Gil, E. (1994). *Play in family therapy*. New York: Guilford Press.

Hunter, L. (1998). *Images of resiliency: Troubled children create healing stories in the language of the sandplay*. Palm Beach, FL: Behavioral Communications Institute.

Kalff, D. (1980). *Sandplay: A psychotherapeutic approach to the psyche*. Santa Monica, CA: Sigo Press.

Landreth, G., Sweeney, D., Ray, D., Homeyer, L., & Glover, G. (2005). *Play therapy interventions with children's problems* (2nd ed.). Northvale, NJ: Jason Aronson.

Lowenfeld, M. (1967). *Play in childhood*. New York: John Wiley & Sons.

Lowenfeld, M. (1979). *The world technique*. London: Allen & Unwin.

Mitchell, R. R., & Friedman, H. S. (1994). *Sandplay: Past, present and future*. London: Routledge.

Oaklander, V. (1978). *Windows to our children*. Moab, UT: Real People Press.

Ryce-Menuhin, J. (1991). *Jungian sandplay: The wonderful therapy*. London: Routledge.

Sweeney, D., & Homeyer, L. (1999). *Handbook of group play therapy*. San Francisco: Jossey-Bass Inc. Publishers.

Turner, B. (2005). *The handbook of sandplay therapy*. Cloverdale, CA: Temenos Press.

Weinrib, E. L. (1983). *Images of the self: The sandplay therapy process*. Boston: Sigo Press.

Wells, H. G. (1911). *Floor games*. New York: Arno Press.

참고문헌

Achenbach, T. M. (1991). *Manual for the teacher's report*. Burlington, VT: Department of Psychiatry, University of Vermont.

Ackerman, N. (1970). Child participation in family therapy. *Family Process, 9*, 403-410.

Allan, J. (1988). *Inscapes of the child's world: Jungian counseling in schools and clinics*. Dallas, TX: Spring Publications.

Allan, J. (2007, July). *Jungian Play Therapy*. Paper presented at the Play Therapy Summer Institute, Center for Play Therapy, University of North Texas, Denton, Texas.

American Psychiatric Association (2000). *Diagnostic and statistical manual of mental disorders* (4th ed.-TR). Washington, DC: Author.

Artico, C. I. (2000). Perceptions and memories of Latino adolescents separated in childhood due to piecemeal patterns of immigration. (Doctoral dissertation, George Mason University). *Dissertation Abstract Internatio-nal*, AAT 9985096.

Badenoch, B. (2008). *Being a brain-wise therapist: A practical guide to inter-personal neurobiology*. New York: W. W. Norton & Company.

Beck, A., & Weishaar, M. (2005). Cognitive therapy. In R. Corsini & D. Wedding (Eds.), *Current psychotherapies* (7th ed.; pp. 238-268). Belmont, CA: Thomson.

Bonds, M. S. (1995). Sandplay with inner-city Latino and African-American adolescents. (Doctoral dissertation, California School of Professional Psychology, Berkeley/Alameda). *Dissertation Abstract International*, AAT 9533887.

Bow, J. N. (1993). Overcoming resistance. In C. Schaefer (Ed.), *The therapeutic powers of play* (pp. 17-40). Northvale, NJ: Jason Aronson.

Bowen, M. (1976). Theory in the practice of psychotherapy. In P. Guerin (Ed.), *Family therapy: Theory and practice*. New York: Gardner Press.

Bowyer, L. R. (1970). *The Lowenfeld World Technique: Studies in personality*. New York: Pergamon Press.

Bradway, K., Signell, K. A., Spare, G. H., Stewart, C. T., Stewart, L. H., & Thompson, C. (1981). *Sandplay studies: Origins, theory, and practice*. San Francisco, CA: C. G. Jung Institute.

Brown, S., & Vaughan, C. (2009). *Play: How it shapes the brain, opens the imagination, and invigorates the soul.* New York: Avery Books.

Buhler (1951a). The world test, a projective technique. *Journal of Child Psy-chiatry, 2,* 4-23.

Buhler (1951b). The world test, a projective technique. *Journal of Child Psy-chiatry, 2,* 69-81.

Burke, V. (1996). Sandtray characteristics of schoolchildren by gender, ages seven through eleven. (Master thesis, University of Alaska Anchorage). *Dissertation Abstract International,* AAT 1380971.

Burns, R. C., & Kaufman, S. (1980). *Kinetic family drawings (K-F-D).* New York: Brunner/Mazel.

Caplan, F., & Caplan, T. (1974). *The power of play.* New York: Anchor Books.

Chasin, R. (1989). Interviewing families with children: Guidelines and suggestions. *Journal of Psychotherapy and the Family, 5*(3/4). 15-30.

Cockle, S. (1993). Sandplay: A comparative study. *International Journal for Play Therapy. 2*(2). 1-17, doi:10.1037/h0089349.

Colapinto, J. (2000). Structural family therapy. In A. Horne (ed.), *Family counseling and therapy* (3rd ed.). Itasca, IL: Peacock.

Corey, G., Corey, M. S., Callanan, P., & Russell, J. M. (2004). *Group techniques* (3rd ed.). Florence, KY: Brooks/Cole.

De Bellis, M., Keshavan, M., Shifflett, H., Iyengar, S., Beers, S., Hall, J., & Moritz, G. (2002). Brain structures in pediatric maltreatment-related posttraumatic stress disorder: A sociodemographically matched study. *Biological Psychiatry, 52*(11), 1066-1078.

De Domenico, G. (1995). *Sandtray world play: A comprehensive guide to the use of the sandtray in psychotherapeutic and transformational settings.* Oakland, CA: Vision Quest Images.

De Domenico, G. (1999). Group sandtray-worldplay: New dimensions in sandplay therapy. In D. Sweeney & L. Homeyer (Eds.), *The handbook of group play therapy* (pp. 215-233). San Francisco, CA: Jossey-Bass.

de Shazer, S. (1988). *Clues: Investigating solutions in brief therapy.* New York: Norton.

de Shazer, S., & Dolan, Y. (2007). *More than miracles: The state of the art of solution-focused brief therapy.* New York: Routledge.

Draper, K., Ritter, K., & Willingham, E. (2003). Sand tray group counseling with adolescents. *Journal for Specialists in Group Work. 28*(3), 244-260, doi:10.1177/0193392203252030.

Eichoff, L. (1952). Dreams in sand. *Journal of Mental Science, 98,* 235-243.

Ellis, A. (2008). Rational emotive behavior therapy. In R. Corsini & D. Wedding (Eds.), *Current psychotherapies* (8th ed., pp. 187-222). Belmont, CA: Thomson.

Fehr, S. (2010). *101 Interventions in group therapy* (Rev. ed.). New York: Routledge.

Fernando, C. (2006). Children of war in Sri Lanka: Promoting resilience through faith development. (Doctoral dissertation, University of Toronto (Canada), 2006). *Dissertation Abstract International,* AAT NR21881.

Fischer, K., & Bidell, T. (2006). Dynamic development of action, thought and emotion. In R. M. Lerner (Ed.), *Handbook of Child Psychology: Vol. 1. Theoretical models of human development* (6th ed., pp. 313-399). New York: Wiley.

Flahive, M. W. (2005). Group sandtray therapy at school with preadolescents identified with behavioral difficulties. (Doctoral dissertation, University of North Texas, 2005). *Dissertation Abstract International*, AAT 3196148.

Flahive, M. W., & Ray, D. (2007). Effect of group sandtray therapy with preadolescents. *Journal for Specialists in Group Work, 32*(4), 362-382.

Freud, A. (1965). *The psycho-analytic treatment of children*. New York: International Universities Press.

Freud, S. (1909). *Analysis of a phobia in a five-year-old boy*. London: Hogarth Press.

Fujii, S. (1979). Retest reliability of the sand play techniques (1st Report). *British Journal of Projective Psychology and Personality Study, 24*, 21-25.

Gil, E. (1994). *Play in family therapy*. New York: Guilford.

Gil, E. (2003). Play genograms. In C. Sori & L. Heckler (Eds.), *The therapist's notebook for children and adolescents: Homework, handouts, and activities for use in psychotherapy* (pp. 49-56). New York: Haworth Press.

Gil, E. (2006). *Helping abused and traumatized children: Integrating directive and nondirective approaches*. New York: Guilford.

Gottman, J. M. (1994). *Why marriages succeed or fail*. New York: Simon and Schuster.

Grubbs, G. (1995). A comparative analysis of the sandplay process of sexually abused and nonclinical children. *The Arts in Psychotherapy, 22*, 429-446.

Guerin, P., Fay, L., Burden, S., & Kautto, J. (1987). *The evaluation and treatment of marital conflict*. New York: Basic Books.

Harper, J. (1991). Children's play: The differential effects of intrafamilial physical and sexual abuse. *Child Abuse & Neglect, 15*, 89-98.

Harter, S. (1985). *Manual for the self-perception profile for children*. Denver, CO: University of Denver.

Hendrix, H. (2010). *Doing imago relationship therapy: The definitive method*. New York: John Wiley & Sons.

Homeyer, L., & Morrison, M. (2008). Play as therapy. *American Journal of Play, 1*(2), 210-228.

Homeyer, L., Poe, S., & DeFrance, E. (2004). *Group sandtray for at-risk children*. Unpublished manuscript.

Homeyer, L. E., & Sweeney, D. S. (1998). *Sandtray: A practical manual*. Royal Oak, MI: Self-Esteem Shop.

Howell, R. L. (1999). Children's concerns about danger and death: The influence of cognitive ability and bereavement. (Doctoral dissertation, California School of Professional Psychology, Berkeley/Alameda). *Dissertation Abstract International*, AAT 9907440.

Hug-Hellmuth, H. (1921). On the technique of child-analysis. *International Journal of Psychoanalysis, 2*, 287-305.

Hughes, S. C. (2004). The group sand tray: A case study. (Doctoral dissertation, Union Institute and University). *Dissertation Abstract International*, AAT 3207605.

Jacobs, E., Masson, R., & Harvill, R. (2008). *Group counseling: Strategies and skills* (6th ed.). Florence, KY: Brooks/Cole.

Jones, L. E. (1986). *The development of structure in the world of expression: A cognitive-developmental analysis of children's "sand worlds."* Ann Arbor, MI: ProQuest UMI Dissertations.

Johnson, S. M. (2004). *The practice of emotionally focused couple therapy: Creating connection* (2nd ed.). New York: Brunner-Routledge.

Jung, C. G. (1928). *Contributions to analytical psychology*. New York: Harcourt Brace.

Jung, C. G. (1971). *The portable Jung*. New York: Viking Press.

Jung, C. G. (1977). *Symbols of transformation*. Princeton, NJ: Princeton University Press.

Kalff, D. (1971). *Sandplay: Mirror of a child's psyche*. San Francisco, CA: C. G. Jung Institute.

Kalff, D. (1980). *Sandplay, a psychotherapeutic approach to the psyche*. Santa Monica, CA: Sigo Press.

Kalff, D. (1981). Foreword. In K. Bradway, et al. *Sandplay studies: Origins, theory and practice*. San Francisco: C. G. Jung Institute.

Keith, D., & Whitaker, C. (1981). Play therapy: A paradigm for work with families. *Journal of Marital and Family Therapy, 7*(3), 243-354.

Kestly, T. (2001). Group Sandplay in elementary schools. In A. Drews, L. Carey, & C. Schaefer (Eds.), *School-based play therapy* (pp. 329-349). New York: Wiley.

Kestly, T. (2010). Group Sandplay in elementary schools. In A. Drews, L. Carey, & C. Schaefer (Eds.), *School-based play therapy* (pp. 257-281). Hoboken, NJ: Wiley.

Klein, M. (1932). *The psycho-analysis of children*. London: Hogarth Press.

Kramer, E. (1972). *Art as therapy with children*. New York: Schocken Books.

Kwiatkowska, H. (1978). *Family therapy and evaluation through art*. Springfield, IL: Charles C. Thomas.

Landreth, G. (2002). *Play therapy: The art of the relationship*. (2nd ed.). Muncie, IN: Accelerated Development.

Landreth, G., Sweeney, D., Ray, D., Homeyer, L., & Glover, G. (2005). *Play therapy interventions with children's problems* (2nd ed.). Northvale, NJ: Jason Aronson.

Lanius, R., Williamson, P., Densmore, M., Boksman, K., Neufeld, R., Gati, J., & Menon, R. (2004). The nature of traumatic memories: A 4-TfMRI functional connectivity analysis. *Archives of General Psychiatry, 161*, 36-44.

Liebmann, M. (2004). *Art therapy for groups: A handbook of themes and exercises* (2nd ed.). New York: Routledge.

Lowenfeld, M. (1939). The World pictures of children: A method of recording and studying them. *British Journal of Medical Psychology, 18*, 65-101.

Lowenfeld, M. (1950). The nature and use of the Lowenfeld World Technique in work with children and adults. *The Journal of Psychology, 30*, 325-331.

Lowenfeld, M. (1967). *On normal emotional and intellectual development of children*. Lecture presented at St. Edmund's College, Ware, England.

Lowenfeld, M. (1979). *The world technique*. London: Allen & Unwin.

Lowenfeld, M. (1979). *Understanding children's sandplay: Lowenfeld's World Technique*. London: George Allen & Urwin.

Lumry, G. K. (1951). Study of world test characteristics as a basis for discrimination between various clinical categories. *Journal of Child Psychiatry, 2*(1), 24-35.

Madanes, C. (1984). *Behind the one-way mirror: Advances in the practice of strategic therapy*. San Francisco: Jossey-Bass.

Mason, L. B. (1986). Assessing couple integration with the sandplay method (marriage). (Doctoral dissertation, University of California, Berkeley). *Dissertation Abstract International*, AAT 8624858.

McCown, S. (2008). *An inclusive sandtray friendship group in an elementary setting: A descriptive study*. (Doctoral dissertation, Capella University). Available from ProQuest Dissertations and Theses database (UMI No. 3304142).

McGoldrick, M., Gerson, R., & Petty, S. (2008). *Genograms: Assessment and intervention* (3rd ed.). New York: W. W. Norton.

Mills, J., & Crowley, R. (1986). *Therapeutic metaphors for children and the child within*. New York: Brunner/Mazel.

Minuchin, S. (1974). *Families and family therapy*. Cambridge, MA: Harvard University Press.

Mitchell, R. R., & Friedman, H. S. (1994). *Sandplay: Past, present & future*. New York: Routledge.

Neill, T. (2006). *Helping others help children: Clinical supervision of child psychotherapy*. Washington, DC: American Psychological Association.

Nims, D. (2007). Integrating play therapy techniques into solution-focused brief therapy. *International Journal of Play Therapy, 16*(1), 54-68.

N-Vivo Nud*ist for Qualitative Research (Version 1.0) [Computer Software]. (1999). Australia: QAR-Qualitative Solutions and Research.

Papp, P., Silverstein, O., & Carter, E. (1973). Family sculpting in preventive work with well families. *Family Process, 12*, 197-212.

Perry, B. (2006). Applying principles of neurodevelopment to clinical work with maltreated children. In N. B. Webb (Ed.), *Traumatized youth in child welfare*. New York: Guilford.

Perry, B., & Pate, J. (1994). Neurodevelopment and the psychobiogical roots of post-traumatic stress disorder. In L. Koziol & C. Stout (eds.), *The neuropsychology of mental disorders: A practical guide* (pp. 129-146). Springfield, IL: Charles C. Thomas.

Petruk, L. (1996). Creating a world in the sand: A pilot study of normative data for employing the sand tray as a diagnostic tool with children. (Master's thesis, Southwest Texas State University, San Marcos, Texas).

Rauch, S., van der Kolk, B., Fisler, R., Alpert, M., Orr, S., Savage, C., Fischman, A., Jenike, M., & Pitman, R. (1996). A symptom provocation study of posttraumatic stress disorder using positron emission tomography and script-driven imagery. *Archives of General Psychiatry, 53*, 380-387.

Ray, D. (2006). Evidenced-based play therapy. In C. Schaefer & H. Kaduson, *Contemporary play therapy: Theory, research and practice* (pp. 136-157). New York: Guilford.

Reynolds, C. R., & Kamphaus, R. W. (1992). *Behavior assessment system for children: Manual*. Circle Pines, MN: American Guidance.

Rothbaum, B., & Foa, E. (1996). Cognitive-behavioral therapy for posttraumatic stress disorder. In B. van der Kolk, A. McFarlane, & L. Weisaeth (eds.), *Traumatic stress*. New York: Guilford.

Rothschild, B. (2000). *The body remembers: The psychophysiology of trauma and trauma treatment*.

New York: W. W. Norton and Company.

Ryce-Menuhin, J. (1992). *Jungian Sandplay: The wonderful therapy*. New York: Routledge.

Schaefer, C. (1994). Play therapy for psychic trauma in children. In K. O'Connor & C. Schaefer (Eds.), *Handbook of play therapy*, Volume Ⅱ (pp. 297-318). New York: John Wiley & Sons.

Schore, D. J. (2009). Right-brain affect regulation: An essential mechanism of development, trauma, dissociation, and psychotherapy. In D. Fosha, M. Solomon, & D. Siegel (Eds.), *The healing power of emotion: Integrating relationships, body and mind: A dialogue among scientists and clinicians*. New York: Norton.

Shen, Y. (2006). The impact of school-based group sandtray counseling on the self-esteem of young adolescent girls. (Doctoral dissertation, Texas A&M University, Commerce). *Dissertation Abstracts International*, AAT 3245238.

Shen, Y., & Armstrong, S. A. (2008). Impact of group sandtray therapy on the self-esteem of young adolescent girls. *Journal for Specialists in Group Work, 33*, 118-137.

Shin, L., McNally, R., Kosslyn, S., Thompson, W., Rauch, S., Alpert, N., Metzger, L., Lasko, N., Orr, S., & Pitman, R. (1999). Regional cerebral blood flow during script-driven imagery in childhood sexual abuse-related PTSD: A PET investigation. *American Journal of Psychiatry, 156*(4), 575-584.

Siegel, D. J. (1999). *The developing mind: How relationship and the brain interact to shape who we are*. New York: Guilford Press.

Siegel, D. J. (2003). An interpersonal neurobiology of psychotherapy: The developing mind and the resolution of trauma. In M. Solomon & D. Siegel (Eds.), *Healing trauma: Attachment, mind, body, and brain* (pp. 1-56). New York: W. W. Norton.

Siegelman, E. (1990). *Metaphor and meaning in psychotherapy*. New York: The Guilford Press.

Siever, R. (1988). *Sand*. New York: W. H. Freeman & Co.

Sjolund, M., & Schaefer, C. (1994). The Erica method of sand play diagnosis and assessment. In K. J. O'Connor & C. E. Schaefer (Eds.), *Handbook of play therapy: Advances and innovations*. Vol. 2. New York: Wiley.

Spare, G. (1981). Are there any rules (musings of a peripatetic sandplayer). In K. Bradway, et al. *Sandplay studies: Origins, theory and practice*. San Francisco: C. G. Jung Institute.

Sweeney, D. (1997). *Counseling children through the world of play*. Wheaton, IL: Tyndale House Publishers.

Sweeney, D. (1999). Introduction. In L. Carey, *Sandplay with children and families*. Northvale, NJ: Jason Aronson, Inc.

Sweeney, D. (2002). Sandplay with couples. In R. Watts (Ed.), *Techniques in marriage and family counseling*, Volume Two (pp. 95-104). Alexandria, VA: American Counseling Association.

Sweeney, D., & Homeyer, L. (Eds.). (1999). *Handbook of group play therapy*. San Francisco: Jossey-Bass, Inc. Publishers.

Sweeney, D., Minnix, G., & Homeyer, L. (2003). Using the sandtray for lifestyle analysis. *Journal of Individual Psychology, 59*(4), 376-387.

Sweeney, D., & Rocha, S. (2000). Using play therapy to assess family dynamics. In R. Watts (Ed.),

Techniques in marriage and family counseling, Volume One (pp. 33-47). Alexandria, VA: American Counseling Association.

Taylor, E. R. (2009). Sandtray and solution-focused therapy. *International Journal of Play Therapy, 18*(1), 56-68.

Teicher, M., Tomoda, A., & Andersen, S. (2006). Neurobiological consequences of early stress and childhood maltreatment. In R. Yehuda (Ed.), *Psychobiology of posttraumatic stress disorder: A decade of progress* (pp. 313-323). Boston: Blackwell Publishing.

Thompson, C. L., & Rudolph, L. B. (2000). *Counseling children*. Belmont, CA: Wadsworth/Thompson Learning.

van der Kolk, B. (2002). Assessment and treatment of complex PTSD. In R. Yehuda (Ed.), *Treating trauma survivors with PTSD*. Washington, DC: American Psychiatric Publishing.

van der Kolk, B. (2006). Clinical implications of neuroscience research in PTSD. In R. Yehuda (Ed.), *Psychobiology of posttraumatic stress disorder: A decade of progress* (pp. 277-293). Boston: Blackwell Publishing.

van der Kolk, B., McFarlane, A., & Weisaeth, L. (Eds.). (1996). *Traumatic stress: The effects of overwhelming experience on mind, body, and society*. New York: Guilford Press.

Viers, D. (2007). *The group therapist's notebook: Homework, handouts, and activities for use in psychotherapy*. New York: Routledge.

Weeks, G., & L'Abate, L. (1982). *Paradoxical psychotherapy: Theory and practice with individuals, couples, and families*. New York: Brunner/Mazel.

Weinrib, E. (1983). *Images of the self: The sandplay therapy process*. Boston, MA: Sigo Press.

Weinrib, E. (1983). *Images of the self*. Boston, MA: Sigo Press.

Wells, H. G. (1911). *Floor games*. New York: Arno Press. (Originally published in England. First U.S. edition, 1912, Boston, MA.)

Wheat, R. (1995). Help children work through emotional difficulties-sandtrays are great! *Young Children, 51*, 82-83.

White, M. (2007). *Maps of narrative practice*. New York: W. W. Norton.

Wylie, M. (2004). The limits of talk: Bessel van der Kolk wants to transform the treatment of trauma. *Psychotherapy Networker, 28*, 30-41.

Yalom, I. (2005). *The theory and practice of group psychotherapy* (5th ed.). New York: Basic Books.

Zarzaur, M. (2004). The effectiveness of sandtray therapy versus classroom behavior management on the improvement of school behavior of kindergarten through fourth-grade students. (Master's thesis, The University of Memphis). *Dissertation Abstract International*, AAT 3153961.

찾아보기

〈인 명〉

〈내 용〉

저자 소개

Linda E. Homeyer

Linda E. Homeyer 박사(PhD LPC-S, RPT-S)는 텍사스 주의 샌마르코스 시에 소재한 텍사스 주립대학교 교수로서, 상담 및 리더십, 평생교육 분야의 전문적인 상담 프로그램과 학교상담 등을 가르치고 있다.

텍사스 주 공인상담전문가와 지도감독자 자격을 갖고 있으며, 공식 등록된 놀이치료사 및 지도감독자다. 그녀는 텍사스 주에서 원격 수강의 놀이치료 입문과정을 포함한 놀이치료훈련 프로그램을 개발하였으며, 미국뿐 아니라 국제학회 및 수련 모임에서 발제자로서 활발히 활동하고 있다.

또한 아동 놀이치료의 옹호자로서, 초창기 놀이치료학회 주 지회의 발족을 도왔으며, 창립 이후 이사 및 다양한 직위로 놀이치료학회와 텍사스협회에 봉사해 왔다. 그리고 두 번의 회장직을 포함하여 6년에 걸쳐 학회 이사로서 재직했다. *Play Therapy Intervention with children's Problems*(2005)와 *The World of Play Therapy Literature*(2003)의 공동 저자이며, 다수의 저널과 연구 실적이 있다. Daniel S. Sweeney와 *The Handbook of Group Play Therapy*(1999)를 공동 편집하였으며, 그녀의 서적들은 중국어, 한국어, 러시아어 및 스페인어로 번역되었다. 현재는 놀이치료, 모래상자치료, 그리고 성적으로 학대받은 아동 관련 분야 연구에 몰두하고 있다.

Daniel S. Sweeney

Daniel S. Sweeney 박사(PhD LMFT, LPC, RPT-S)는 오리건 주 포틀랜드 시의 조지폭스 대학교 상담대학원 교수다. 상담 및 상담 프로그램 디렉터이며, 놀이치료연구회 노스웨스트 센터의 설립자이자 이사다. 그는 놀이치료학회의 전 회장이었고 이사직을 맡고 있으며, 공인된 놀이치료사 및 감독자로 등록되어 있으면서 소규모의 개인상담실도 운영하고 있다.

Daniel은 위탁양육기관, 지역사회의 정신건강기관, 개인상담실 그리고 목회상담을 비롯한 다양한 환경에서 아동과 부부, 가족 치료 등의 광범위한 상담 경험이 있다. 그 밖에 놀이치료, 모래상자치료, 부모-자녀 놀이치료 및 외상 중재에 관한 주제로 지역, 국가, 국제회의 등에서 강연을 하였다.

그는 미국에서뿐만 아니라 필리핀, 말레이시아, 홍콩, 대만, 스위스, 독일, 아일랜드, 스코틀랜드, 영국, 캐나다, 남아프리카 및 아르헨티나에서도 주제 강연을 하였다.

부모와 가족, 놀이치료 주제, 아동상담에 관한 논문 및 서적들을 출간하였고, *Play Therapy Intervention with Children's Problems*(2005), *Counseling Children Through the World of Play*(1997), *The Handbook of Group Play Therapy*(1999) 등 여러 책의 저자 또는 공동 저자이기도 하다. 그의 책은 중국어, 한국어 및 러시아어로 번역되었다. 현재, 아내와 네 명의 성장한 자녀와 함께 오리건 주 포틀랜드 지역에서 살고 있다.

역자 소개

정경숙(Chung kyoungsook)

명지대학교 대학원 아동학 박사

한국외국어대학교 교육대학원 상담심리학 석사

상담심리사 1급, 정신보건상담사 1급, 모래상자치료전문가, 부부및가족치료전문가

일본 Sand Play Therapy(Danke psychotherapy Institute in Nagoya and Kyoto University) 연수

전) 명지대학교 사회교육대학원, 나사렛대학교 심리재활학과 겸임교수

현) 동작교육지원청 Wee센터 센터장

우주영(Woo juyoung)

가톨릭대학교 대학원 상담심리학 박사

가톨릭대학교 상담심리대학원 상담학 석사

숙명여자대학교 대학원 아동상담 석사

미국 Play Therapy Training Ins.(in Hackensack) 연수

상담심리사 1급, 정신보건상담사 1급, 청소년상담사 1급, 모래상자치료전문가, 놀이치료임상슈퍼바이저, 부부및가족치료전문가

현) 나사렛대학교 심리재활학과 교수

정미나(Jeong mina)

한양대학교 일반대학원 상담심리학 석사

Art & Play 치료전문가

현) 상담센터 행복한아이들 소장

나사렛대학교 심리재활학과 겸임교수

현장임상전문가를 위한

모래상자치료 임상지침서

SANDTRAY THERARY

2014년 7월 17일 1판 1쇄 발행
2020년 3월 10일 1판 3쇄 발행

지은이 • Linda E. Homeyer · Daniel S. Sweeney
옮긴이 • 정경숙 · 우주영 · 정미나
펴낸이 • 김 진 환
펴낸곳 • ㈜ 학지사

04031 서울특별시 마포구 양화로 15길 20 마인드월드빌딩 5층

대표전화 • 02) 330-5114 팩스 • 02) 324-2345

등록번호 • 제313-2006-000265호

홈페이지 • http://www.hakjisa.co.kr
페이스북 • https://www.facebook.com/hakjisabook

ISBN 978-89-997-0427-7 93180

정가 16,000원

이 도서의 국립중앙도서관 출판시도서목록(CIP)은 서지정보유통지원시스템 홈페이지(http://seoji.nl.go.kr)와 국가자료공동목록시스템(http://www.nl.go.kr/kolisnet)에서 이용하실 수 있습니다.
(CIP제어번호: CIP2014019292)